¡Significante!

Desde Frustrada a
FranneFantástica

"Franne McNeal es una fuerza de la naturaleza. Este libro está alimentado por su tremenda y generosa energía y está lleno de coraje, perspectivas útiles que realmente pueden ayudarte a transformarte a tí misma y a tu negocio. Franne entiende que la importancia se crea desde dentro hacia fuera ".

—**Margie Strosser,** *MFA*
Productora de televisión (ganadora de un premio) y consultora de historias

"Sin duda, recomendaría el libro a las mujeres que necesitan el estímulo y que puedan sentirse "atrapadas" en sus vidas. Me encanta que sea relevante para mujeres de todas las edades y que se encuentren en diferentes lugares dentro de la amplia gama de situaciones personales y profesionales".

—**Lynn Zuckerman Gray,** *Fundadora y Directora,*
General Campus Scouts, LLC

"Tanto si eres es un empresaria o alguien que atraviesa un cambio de carrera, obtendrás estímulo y inspiración de este libro. Franne ha utilizado sus historias personales para recordarnos que, de hecho, somos Significativas! Tenemos el poder de triunfar después de grandes contratiempos ".

—**Daisy Wright,** *Fundadora y Principal Estratega de Carrera,*
The Wright Career Solution

"Franne nos recuerda que las puertas de la felicidad y la plenitud en nuestras vidas a menudo son desbloqueadas por pequeñas acciones basadas en las relaciones correctas de uno con el otro. Lee una y otra vez este libro para encontrares el significado de las historias de tu vida ".

—**Susan L. Prosapio,** *ex Directora*
Ejecutiva, Greater River Arts Association

"La mejor parte de este libro es que Franne demuestra que los mensajes que inspiran pueden ser simples y directos."

—**Eve Thompson,** *Representante Nacional,*
Democratic Republic of Congo, National Democratic Institute for International Affairs

Significante!

Desde Frustrada a FranneTástica

*Históias inspiracionales
para la mujer de negocios*

Por Franne McNeal, MBA
Entrenadora de Resultados
Significantes en los Negocios

Este material está registrado, © 2013, por Franne McNeal, MBA, Entrenadora Significativa de Resultados de Negocios. Ninguna parte, parcialmente o en su totalidad, puede ser reproducida por cualquier proceso, o cualquier otro derecho exclusivo ejercido, sin el permiso del editor, Significant Business Results, LLC.

El diseño de la portada y las ilustraciones tienen derechos de autor, © 2013, por Everaldo Gallimore, Director Creativo, Gallimore Design. No se puede reproducir ninguna parte, en su totalidad o en parte, mediante ningún proceso, o ningún otro derecho exclusivo puede ser ejercido, sin el permiso de Gallimore Design.

Cuarta impresión, Junio 2015

Publicado por:
Resultados empresariales Significativos, LLC
P. O. Box 807
Bryn Mawr, PA 19010
www.SignificantBusinessResults.com
Publisher@SignificantBusinessResults.com
215-552-8719

Declaración de responsabilidad y / o Avisos legales: Si bien se han hecho todos los intentos para verificar la información proporcionada en este libro, ni el autor ni el editor asumen responsabilidad alguna por los errores, omisiones o inexactitudes.

Cualquier menosprecio a personas u organizaciones es involuntario.
Si se necesita asesoramiento sobre asuntos legales o relacionados, se debe buscar los servicios de un profesional cualificado. Este libro no pretende ser una fuente de asesoramiento legal o contable. Debes estar consciente de las leyes que rigen las transacciones comerciales o otras prácticas de negocios en tu estado o provincia.

Impreso en los Estados Unidos de América
ISBN-13: 978-1-942075-80-6

Dedicatoria

Dedico este libro a mi abuelo
George Edward McNeal, Sr.
Cuya creatividad y perseverancia en sus pequeñas empresas
inspiraron el viaje de mi vida y este libro.

Tabla de Contenido

Prólogo ii

Prefacio v

Agradecimientos x

¡Ponte en Marcha! 1
Oferta de una Bicicleta 4
¡Carpe Diem!..9
¿Miembro del Club?...14
Hawaiian Punch 20
Echar Raíces 25

Abraza la Oportunidad...................................... 31
El Efecto balancín...33
Máquina de copias 37
Tomar Notas 41
Fallas en el Sistema...45

Busca Apoyo 51
Círculo de Amigos..53
Trae Flores Siempre 57
Abre el camino 61

Tabla de Contenido
(continuar)

Acepta el amor **67**
Eligiendo compartir. 69
Camina conmigo 73
Surco del Jardín. 77

¡Sé Significante! **83**
Piensa: PBA. 85
Educando a (Mi) Bebé. 91
¿Puedes oírme ahora? 97
La mujer invisible. 101
Té, alguien? 109

Última consideración **113**

Sobre la Autora. **117**

Comunidad ¡Significante!. **119**

PRÓLOGO

Decisiones, decisiones y más decisiones! Todas las mujeres nos enfrentamos a ellas, pero no siempre estamos seguras de escoger sabiamente o de controlar los desafíos que la vida nos presenta. Hay muchas situaciones como negociar un ascenso, emprender un negocio, contratiempos, cambios de carrera, problemas económicos, asociaciones o amistades que, en un momento dado, nos pueden dejar paralizadas por el miedo, indecisas y dubitativas. Pero, ¡las mujeres de hoy quieren dar un paso adelante, inclinarse, y crear cambios! Y a medida que exigimos cada vez más de nuestras vidas personales y de nuestras carreras, necesitamos mentores con experiencia para que nos muestren cómo tomar decisiones que no sólo traigan éxito, sino que armonicen con lo que realmente somos y con lo que queremos ser. Franne McNeal es esa mentora.

He sido amiga y compañera de Franne durante muchos años, y la he visto superar el tipo de desafíos de la vida que derrotarían a una persona más débil.

Su actitud innegablemente positiva fue alentadora para mí, y seguramente animará a las lectoras de este libro único. No obstante si eres una empresaria o no, reconocerás un poco de ti misma en las historias de Franne, y sacarás provecho de su mensaje de vida consciente y de resiliencia.

En ¡Significante! Franne ofrece un testimonio íntimo de determinación, desafíos y triunfo de una mujer de negocios negra en Estados Unidos, un punto de vista que no había sido representado en prensa hasta ahora. ¡Significante! muestra como elaborar estrategias, cultivar y conectarse con el mismo tipo de sabiduría conmovedora y compromiso creativo que se encuentra en el clásico libro de desarrollo personal "El camino del artista", de Julia Cameron.

Franne nos enseña cómo moverse más allá del dolor y de la opresión creativa, cómo reconocer y resolver el miedo y la forma de eliminar el tejido de una cicatriz emocional y de adquirir confianza. Ella es una maestra de la narración evocativa y sus experiencias en el emprendimiento y en la relación apasionada con otras personas ofrecen lecciones oportunas a todas las mujeres, ya sean estudiantes, ejecutivas de Fortune 500 o amas de casa. Franne hace hincapié en la importancia de definirte a ti misma en tus propios términos, reconociendo la oportunidad ideal, y dedicando tus esfuerzos de todo corazón a ti misma, a la empresa, a la familia y a la comunidad. Con humor tranquilo, ejemplos ilustrativos, y preguntas de estilo de un manual, al final de cada capítulo, Franne alienta a su lector a extraer sus propias historias personales, para descubrir su yo más auténtico, y trazar su camino personal hacia el éxito.

Hace años, me faltaba un mapa para mi carrera. Me he reinventado a mí misma muchas veces, trabajando en las industrias de la edición, de la comercialización, en las empresas sin fines de lucro y en las industrias de educación, y a menudo anhelaba tener a una mujer mentora amable que pudiera guiar mis ambiciosos sueños de carrera. Afortunadamente para mí, en el 2006, esa mentora apareció en mi vida en la forma de Franne McNeal. Con buen humor y paciencia, me tomó a mi y varias amigas mías bajo su ala protectora, y nos enseñó los secretos de la construcción de un negocio de la semilla al mercado. Compartimos muchas historias, risas, y incluso lágrimas, y los éxitos reales han brotado de las semillas que Franne ha cosido en nuestros corazones y mentes. Estoy muy contenta de que la tutoría de Franne por fin está disponible a un círculo más amplio de mujeres!

Como alguien ya familiarizado con las técnicas de entrenamiento de Franne, he descubierto que este libro me ha desafiado a que me abriera aún más, para explorar con mayor profundidad el significado de los acontecimientos de mi vida y, con ello, aprender a guiarme a mí misma de manera eficaz. Éste hará lo mismo por ti.

Franne es especial: es una facilitadora experta, una sabia entrenadora de las pequeñas empresas y una pionera. Pero también es una mujer con los pies sobre la tierra, que ha dedicado su vida a ayudar a otras mujeres. Todo el mundo puede identificarse con las historias de Franne, y las perlas de sabiduría que ella dispensa en este poderoso y pequeño libro que son las de un profesional con experiencia capaz de hablar con el lector como un verdadero amigo. Franne nos aconseja que pensemos fuera de la caja, ¡y también que quememos la caja! En última instancia, nos pide que encontremos el éxito en los negocios y en la vida viviendo de manera auténtica. ¡Significante! Es un libro para ser compartido con amigas y para ser releído muchas veces.

Con amabilidad,
Monica O. Montgomery
Estratega Milenaria, Administradora de museos, Conectora creativa

Prefacio

Todo el mundo tiene que acabar en algún lugar. ¡Así es la vida! Las cosas suceden o no suceden, y reactivamente nos giramos a la izquierda o a la derecha. Nuestras elecciones se combinan y fluyen de eventos que están fuera de nuestro control para crear la suma total de nuestras vidas. Y en un mundo en perpetuo cambio, puede parecer como si las cosas que decidimos hacer nunca podrían ser verdaderamente significativas considerando todo lo que simplemente sucede. Nuestras historias de la vida empiezan a parecer unas colecciones de sucesos aleatorios, notas garabateadas en un calendario. Crecemos, vamos a la escuela, elegimos una carrera, amamos a quien amamos, y aprendemos lo más que podemos en el camino.

Esa es una manera de verlo. Otra forma es que consideremos que todo lo que nos sucede es útil y esencial para nuestra vida y para las decisiones que tomamos.

Podemos ver nuestras historias personales (ya sean los acontecimientos de la vida que elegimos y los que no), ricas y dinámicas, un hermoso jardín lleno de color y de carácter, derivado de una multiplicidad de fuentes. Nuestras acciones son parte de un gran mosaico al cual, conscientemente, podemos añadir una pieza cada día.

Después de décadas de trabajo para mí y para los demás en el mundo de los negocios, he aprendido que casi todo es negociable. Me he encontrado en situaciones donde me sentí atrapada, sin inspiración, poco apreciada. Digo "me he encontrado" intencionalmente; porque es por esos momentos en que las cosas simplemente nos suceden que podemos extraer algunas de nuestras más grandes lecciones, y es en esos momentos de frustración que estamos más cerca de la libertad y de reconocer que solo nosotras mismas tenemos el poder de crear conscientemente nuestras vidas. Es en esos momentos difíciles que decidimos en quien nos convertiremos.

Este libro tiene la intención de mostrarte cómo negociar ese proceso, no importa de donde estas empezando, y no importa donde quieres ir. Como instructora de negocios, he ayudado a las nuevas empresarias a crear operaciones prósperas que resuelven un problema específico, y he ayudado a las propietarias de negocias establecidos a hacer millones de dólares, empujándolas a hacer lo que hacen de la mejor manera y de la manera más eficaz posible. Luego, en 2013, era la facilitadora principal de un grupo "Lean In" con sede en Nueva York, el más grande del mundo en ese momento, y allí vi rápidamente el poder de las historias de revelar la verdadera fuerza de una misma y su fuerza de motivación.

Soy una persona tan introvertida cuando se trata de mi vida personal que me refiero a mí misma como "La Armadillo"! Ya sabes, ese animal con un caparazón duro que se enrolla en una bola cuando se siente amenazado? Así que para mí la decisión de recoger estas historias personales para compartirlas contigo ha sido una decisión que cambia la vida. Para mí, escribir este libro ha sido un proceso a veces agotador, pero siempre un proceso interesante de recuerdo, exploración y búsqueda del significado en los detalles de mi propia historia de vida, incluyendo mis 30 años como mujer empresaria exitosa.

En este libro, te reto a hacer lo que he hecho yo, y te voy a ayudar durante el proceso. Aprenderás a organizar tu propia vida para generar la energía que necesitas para empezar, y aprenderás cómo convertir esa energía en oportunidades significativas. Encontrarás la manera de buscar el apoyo que inevitablemente necesitarás a lo largo del camino, y también descubrirás maneras de empezar a apreciar más tu vida en estos momentos. ¿El objetivo? Ayudarte a que seas tan significativa como puedes ser.

Este libro está organizado en cinco secciones que reflejan cinco temas principales. Introduzco cada sección con una fábula o cuento popular, seguido de una breve discusión de cómo la lección de la fábula se relaciona con las historias muy personales que te voy a contarte. Espero que te diviertas con las historias, pero sobre todo espero que te sientas inspirada por ellas para ver que el éxito de tus propias aventuras depende de la claridad con la que entiendes tu verdadero yo y tu capacidad de hacer ediciones inteligentes continuamente y adiciones en la historia en desarrollo de tu propia vida. Espero que mis historias te muestren que ser importante no es cuestión de poder o de un elevado patrimonio, aunque las personas importantes a menudo alcanzan esas cosas. Más bien, importante es reconocer a tu propio valor intrínseco, comunicarlo a los demás, y usarlo para atraer el apoyo para que puedas crear la vida y la carrera que deseas.

¡Significante! es un libro que requiere tu participación activa. Las preguntas que siguen a cada capítulo tienen el propósito de ayudarte a dar un paso atrás en mi historia para que tu puedas obtener una visión más profunda en la tuya. Cuando estas excavando en tus propias historias, tu eres a la vez protagonista y narradora, tu eres la estrella del espectáculo y el público. Puedo asegurarte que este tipo de compromiso fluido puede ser un trabajo duro! Y aunque hay posibilidad de sentirlo extraño al principio como la mayoría de las cosas nuevas, te darás cuenta que, finalmente, si respondes a mis preguntas con sinceridad, aprenderás mucho sobre ti misma y tus metas. Aún más importante, aprenderás acerca de las creencias que tienes, de las cuales puede ser que no seas completamente consciente sin excavar intencionalmente en el jardín fértil de tu vida. ¡Puede ser divertido ser el tema de una entrevista! Déjate llevar, pasa el tiempo y disfruta de aprender acerca de ti misma, y tendrás una cosecha de nuevos conocimientos y crecimiento personal.

Este proceso es eficaz si lo haces sola, pero realmente te animo a encontrar una buena amiga o un grupo de apoyo que pueden actuar como tu caja de resonancia y empujar tus respuestas y soluciones. Tampoco te sientas obligada a permanecer dentro de las preguntas que te hago, siéntete libre de ir a donde la "entrevista" te lleva; haz preguntas de seguimiento que te lleven incluso más profundo. Las discusiones que se desarrollan a partir de la investigación del grupo pueden empoderar sorpresivamente y con frecuencia tienen efectos positivos duraderos.

¿Quieres más comentarios? Regístrate y haz parte de la comunidad online www.SignificantYou.com para que puedas recibir los siguientes beneficios:

- Conectar con personas de ideas afines
- Buscar y acceder a recursos útiles
- Descargar herramientas adicionales
- Participar en eventos virtuales
- Organizar y asistir a eventos locales y regionales
- Compartir tus historias importantes
- ¡Conocer la autora de Significante!

Ahora, ¡manos a la obra y empieza a reclamar tu importancia! Gracias por acompañarme en este maravilloso viaje.

Significativamente tuya en el éxito,
Franne McNeal, MBA
Instructora de Resultados Significativos en Negocios
Franne@SignificantYou.com
www.SignificantYou.com

Agradecimientos

En primer lugar, gracias a mis padres, Dr. George Edward McNeal, Jr. y Dra. Hammond Lynnette McNeal, y a mis hermanas Nancy, Jacqueline y Marilyn por el aliento y apoyo a mi espíritu emprendedor.

Tengo una gran deuda con mi comunidad de mentores, clientes, estudiantes, preparadores, profesores y amigos que me han animado a compartir mi confianza y competencia como empresaria y Entrenadora de Resultados Significativos en los Negocios. En particular, gracias al equipo de revisión de mi libro: Angelica Aguirre, Debra Y. Boler, Mika Bulmash, Christina Cruz, Suzanne Curran, Tanya Dotson, Keith Ellison, Renetta English, Sandra G. Ford, Dana-René Gaines, Lynn Z. Gray, Ilene Hass, Cheresse Harris, Deloris Henderson, Jacqueline Hill, Carla F. Holland, Sandy Holtzman, Theresa Hummel-Krallinger, Cathy Imburgia, Leia Jackson, Jennifer Jones, Norma Long, Obioma Martin, Edwina McNeal, Jimmy Mac McNeal, Phyllis McNeal, Tanya T. Morris, la señora Evelyn Mosby, Wanda F. Muhammad, Wender Ozuna, Parisnicole Payton, Susan L. Prosapio, Tracey Ragsdale-Mabrey, Charles Reaves, Ron Story, Margie Strosser, John L. Thompson, LaSonya Thompson, Yvonne Tucker, Chanelle Washington, Helena Boller Watts, Agnieszka Wilk, April M. Williams, Debbie Scott Williams, Jo-Ann Williams, Barrington Wright y Daisy Wright.

Gracias al fotógrafo Alan Bogusky, fotógrafo Galo Delgado, estilista Aletha Green Mullen y al director creativo Everaldo Gallimore por hacerme parecer ¡Significante!

Gracias al equipo de consultores de mi libro, que aportaron sus conocimientos a mi idea original: Dra. Margaret Brito, Margie Smith Holt, Russell D. James, Marilyn M. McNeal, Monica O. Montgomery, y Natalie Nevares.

Gratitud también al equipo de consulta de publicidad, Angela J. Carter, Tené Croom y Diane I. Daniels, que me dieron una pronta retroalimentación acerca de la cantidad de trabajo que me quedaba por hacer!

Gracias a las personas cuyas vidas, corazones y sabiduría se combinaron con los míos, para formar algunas de las historias que cuento en este libro, entre ellos Cindy Harrington, Benayah Johnson, Brandon Johnson, Kris Johnson, Stephanie Johnson, Rebecca Kruer, Bernie McGinley, Donald Patterson Jr., Susy Prosapio, Gabriel Ralph, Julia Gusftason Wagner, Chrissy Wiley, Susan O. Wood y Shushi Yoshinaga. Y, por último, gracias a mi editora Dorothy Potter Snyder.

El Ciervo cerca del Río (Aesop)

Un ciervo había tenido sed y se dirigió a un manantial con el fin de beber un poco de agua. Cuando vio el reflejo de su cuerpo en el agua, despreció la delgadez de sus patas, pero se deleitó con la forma y el tamaño de sus cuernos. De repente, unos cazadores aparecieron y comenzaron a perseguirlo. Mientras el ciervo corrió por el prado, dejó atrás a sus perseguidores y los ganó hacia el pantano cerca del río. Sin pensar en lo que estaba haciendo, el ciervo se hundió en la mata, y sus cuernos se enredaron en las ramas colgantes de modo que fue capturado por los cazadores. El ciervo gruñó y dijo: '¡Ay de mí, miserable criatura que soy! Lo que menospreciaba podría haberme salvado, mientras que he sido destruido por la misma cosa de la que me había alardeado.

Moraleja: *Las cosas más valiosas son a menudo ignoradas*

¡Ponte en Marcha!

*"Si no puedes volar, corre. Si no puedes correr, camina.
Si no puedes caminar, arrástrate. Pero, por todos los medios,
mantente en movimiento."* —Martin Luther King, Jr.

Antes de empezar, me gustaría darte las gracias por acompañarme en este viaje. Tomemos un momento para preparar el escenario un poco. Más adelante, vas a leer historias de mi vida sobre momentos específicos cuando me he encontrado con retos y oportunidades de frente, desde los años formativos de la infancia a los obstáculos serios con los que había tropezado en la vida adulta. En cada historia, compartiré contigo mi aporte de esa situación particular. Puedo decirte brevemente que la concentración es, sin duda, cuestión de motivación.

Las historias en esta primera sección van sobre ¡levantarse, salir y ponerse en marcha! Sin embargo, quiero animarte a partir de este momento a tomar posesión de estas historias y utilizarlas como un espejo en tú propia vida. ¿A qué retos te enfrentas y cómo los estás manejando? ¿Qué talentos posees y cómo los estás empleando?

Atención sostenida y autoanálisis son los primeros pasos para crear la energía y el impulso que necesitas para lograr lo que desees. El ciervo en el cuento de Esopo no ha entendido cuál era su cualidad más fuerte, ¡y el resultado ha sido fatal! En esta primera sección del libro, nuestro objetivo es evitar cometer el mismo error.

Con el uso de este libro, haz libremente una pausa en la mitad de una historia si es necesario, marca la página y vuelve más tarde. Es importante tomarse un tiempo para considerar realmente lo que es tu historia, quién eres realmente y qué posibilidades tienes disponibles ahora mismo. ¿Cómo coinciden tus historias con las mías? ¿Y en qué se diferencian?

Mis historias siempre estarán disponibles aquí en este libro para referencia. Pero tus propias oportunidades y percepciones son fugaces, así que, ¡agárralos mientras puedas! La paciencia es parte clave en este viaje que estamos haciendo juntas, así que tómate tiempo para reflexionar y contestar las preguntas que te pido al final de cada sección. Al escribir tu propia historia, se te reflejará una imagen de ti misma que se irá haciendo poco a poco más clara y nítida, ayudándote a llegar nuevas ideas y ver cómo de Significativa eres realmente.

1

Oferta de una Bicicleta

"El mayor regalo de la Humanidad, también su mayor maldición, es que tenemos libre albedrío. Podemos hacer nuestras elecciones basadas en amor o miedo" —Elisabeth Kubler-Ross

Como la mayoría de los adolescentes en su último año de la escuela secundaria, yo estaba experimentando los ritos de paso, y entre esos ritos de juventud estaba aprendiendo a conducir y consiguiendo mi primer coche.

Mis padres se encargaron de que mis hermanas y yo recibiéramos una educación de primera clase, y para mí eso significaba una excelente escuela privada para niñas en los arrabales famosos de Filadelfia. Así que, créeme, los nuevos coches que algunos de mis compañeros de clase empezaron a conducir hacia la escuela no eran, ciertamente, vehículos añosos! Flamantes BMWs y Mercedes nuevos empezaron a aparecer en el estacionamiento de la escuela, y esparcidos entre esas marcas de lujo estaban los más discretos, pero todavía impresionantes, Volvos y Volkswagen.

Bueno, yo estaba creciendo demasiado, y he decidido que necesitaba una imagen más adulta! Así que me he dirigido a mis padres con respecto a comprarme un coche.

Mi madre levantó una ceja ante mi petición, y su respuesta fue rápida y sin sentido: "¿Qué tal una bicicleta? "He protestado. Una bicicleta no era en absoluto lo que yo tenía en mente! Quería tener todos los adornos exteriores de una joven de los arrabales ricos! "Todos mis compañeros están recibiendo coches", he exagerado violentamente con la convicción indignada que sentía cuando era una adolescente.

"Por qué no puedo tener un coche, también?" Mi madre señaló el hecho evidente de que vivíamos muy cerca de la escuela, tan cerca, de hecho, que podía caminar allí si quisiera. Pero la segunda cosa que ella dijo ese día me ha marcado para siempre: "Los envases pueden ser trampas," ha dicho con una economía de expresión muy característica. "La escuela es todo lo que haces cuando estás allí, Frances, no cómo llegas allí."

He tomado la bicicleta.

La oferta de mi madre de una bicicleta reflejaba su valor fundamental de la funcionalidad. Lo que funciona - en este caso, aprender y obtener buenas calificaciones - es más importante que las apariencias externas. Este es uno de esos temas "metronómicos" al que he regresado una y otra vez a lo largo de mi vida para medir lo que yo creía que quería contra lo que era la opción más funcional y práctica para la hora y el lugar.

Puedo pensar en las innumerables ocasiones en las que he tenido que tomar una gran decisión, que la oferta de mi madre de una bicicleta se me viniera a la mente antes de que tomara mi decisión. Por ejemplo, haría yo que mis padres pagaran un extra por una habitación individual en la universidad, o iría a contentarme con una doble? No es donde duermes lo que cuenta, Frances, es dónde te encuentras cuando te despiertas! Cuando consiguiera mi primer empleo corporativo, viviría en casa con mis padres o compraría mi propio apartamento? Véase más arriba. Cuando me he convertido en empresaria, debería comprar un coche o tomar el transporte público a ver a mis clientes? ¡No es el vehículo que te lleva ahí, Frances, es el trabajo que haces cuando llegas! ¿Iba a tomar un pasante para que me ayude en mi negocio, o iba a contratar a un profesional independiente? ¡No es quien está haciendo el trabajo, Frances, es cómo! Valorar los propósitos sobre las apariencias es, como mi madre me enseñó, evaluar mis opciones y tomar decisiones sabias.

En las historias personales que te contaré en este libro, hablaré mucho sobre la elección. Porque, mientras que una amplia gama de elecciones es un lujo a lo que algunas de nosotras nos gusta más que otras, la elección es algo que todas, sin excepción, poseemos en cada momento. Siempre hay decisiones que tomar, y a veces tus elecciones más pequeñas pueden ser las más grandes cambiadoras del juego! Incluso elegir no hacer ninguna elección, tiene como resultado consecuencias reales que pueden afectar tu vida, por lo general en formas que van en contra de ti!

La vida no es más que una serie de elecciones, pero aprender a elegir sabiamente no es una tarea sencilla. Mi madre era sabia al negarme el capricho del nuevo coche que algunos de mis compañeros estaban recibiendo, a pesar de que ella y mi padre, sin duda, podrían haber cedido a mi petición. En cambio, ella me enseño a hacer las preguntas correctas al elegir entre una cosa y otra: ¿Es necesario? ¿Es funcional? ¿Coincide con la gente con la que estoy? ¿Es apropiado en el lugar donde estoy? Y quizás lo más importante de todo, ¿responde a quién soy?

El recuerdo de la nueva bicicleta Schwinn que mis padres me han comprado durante la secundaria, siempre se queda conmigo como un símbolo de las preguntas que me hago a mí misma cada vez que una decisión importante se avecina en el horizonte. Esas preguntas son el parámetro que uso para medir cualquier estrategia, compra o inversión de mi tiempo.

Por supuesto, todos tomamos malas decisiones a veces, y te prometo que sabrás más acerca de algunas de las malas decisiones que he tomado más adelante en este libro! Pero, a medida que reconoces que realmente tienes opciones, y mientras desarrollas una ética para la toma de decisiones basándote en tus valores fundamentales auténticos, serás más inteligente en el proceso de elección. Con el tiempo, serás capaz de rastrear la historia y el crecimiento de tu propia sabiduría a través de una recapitulación cuidadosa de tus logros, que se destacarán en la historia de tu vida como las señales hechas por un padre en el marco de la puerta para seguir el crecimiento de su hijo querido.

Para volverse una responsable ejecutiva no es necesario tener siempre la razón, sino saber hacia dónde vas y el motivo por que elegiste ese camino.

Para tomar buenas decisiones debemos evitar enredarnos en las trampas y los avíos de la vida, mientras seguimos enfocados en el verdadero y principal objetivo.

* * * * *

"Debo juzgar, debo elegir, debo rechazar,
puramente en mi nombre. Para mi solamente." —Hermann Hesse

Cuestiones para discusión

Ponte en marcha. Anota tus respuestas. Comparte con una amiga.

1. ¿Cuándo codiciaste algo que otro tenía sólo porque parecía importante como un rito de pasaje? ¿Qué significó el objeto para ti?

2. ¿Cuáles son tus valores fundamentales con respecto a la funcionalidad, la practicidad y las metas? ¿Qué o quién te ha influido en tus actitudes y creencias acerca de tus valores fundamentales?

3. ¿Cómo sabes cuando se debe elegir algo? ¿Cuáles son los valores fundamentales que te guían en tus elecciones? ¿Cómo evalúas los resultados de tus elecciones o decisiones basándote en tus valores fundamentales?

4. ¿En qué situación una pequeña elección o decisión ha significado un cambio de perspectiva?

5. ¿En qué situación el hecho de que eligieras nada o no tomaras ninguna decisión tuvo un gran impacto en tu vida o ha resultado en un punto de inflexión?

6. ¿Cómo reaccionas cuando la decisión que has tomado no es buena? ¿Cómo mantienes el foco en tu objetivo principal?

2

¡Carpe Diem!

"Con cada experiencia, estás pintando tu propio lienzo, pensamiento a pensamiento, elección a elección." —Oprah Winfrey

Cuando fui admitida en Princeton a los 16 años, las mujeres eran una parte relativamente nueva de la población estudiantil. Fue estupendo sentir que estaba participando en la historia y, como muchos estudiantes universitarios, tenía planes para conquistar el mundo. Sentí que donde quiera que me sentara, allí sería el asiento de todas las posibilidades.

Pero en ese ambiente de tradición, privilegio y rigor intelectual, he aprendido un par de cosas muy rápidamente. En primer lugar, he aprendido que no sólo por ser inteligente iba a conseguir que se me escuchara, y he experimentado lo que significa ser compartimentada. De repente, la gente me vio como una "estudiante negra", una "estudiante femenina", o un "estudiante joven" en vez de como me sentía yo, que era un miembro inteligente y lleno de energía de un grupo dinámico de colaboradores.

Como el ciervo en la fábula de Esopo, estaba mirando mi reflejo y tratando de discernir mis mejores características. Pero las otras personas a mi alrededor que me miraban veían algo completamente diferente e infinitamente menos sutil!

Algunos de mis amigos en Princeton tuvieron experiencias de alienación similares , y ellos encontraron consuelo en los deportes, la exploración de las complejidades de la vida social en la universidad, o en convirtiéndose en ratones de biblioteca. Pero sólo encerrándome en mi dormitorio y perdiéndome en un libro de texto, no me sentía conquistando el mundo! Yo quería participar. Así, me he presentado al gobierno estudiantil, he participado en el Centro de la Mujer, me inscribí en becas y he trabajado a tiempo parcial. Entonces algo realmente interesante sucedió.

Mi trabajo a tiempo parcial era un puesto como investigadora en la oficina de un corredor de bolsa al lado del campus. Una cosa de la que me di cuenta de inmediato fue que la gente de esa oficina ganaba dinero haciendo conexiones: trabajar en redes era más de la mitad de su trabajo. Entonces, un día, oí a uno de los socios decir que era un suplicio organizar fiestas para los contactos y cómo lo odiaba su mujer.

Imagina la bombilla de los dibujos animados.

En secundaría había organizado fiestas, y debido a que había participado tanto en la vida del campus, conocía un montón de estudiantes que deseaban una forma de hacer dinero que no incluía trabajar en la cafetería. Pensé que podía organizar las fiestas, así que aproveché ese momento y le propuse precisamente eso al compañero a quien yo había escuchado quejarse. Estuvo de acuerdo, y ha sido uno de esos momentos clave en los que todo encaja en su sitio.

Mirando hacia atrás, me he dado cuenta de que los retos y los obstáculos a los que me enfrenté en realidad fueron regalos. Obtuve toneladas de energía de la emoción de estar en la encrucijada de la historia y de la potencialidad - recuerda, las mujeres habían accedido a Princeton hacía poco más de una década! Estar en la vanguardia de la historia sólo agudizó mi sierra. Y la consciencia de quien era yo en el contexto de la historia me ha dado la confianza para construir verdaderas relaciones con las personas que no eran como yo. Eso me ha dado el impulso para hacerme valer, para tomar riesgos y expresar mi opinión. En el caso de las fiestas de los corredores de bolsa, hablar significó una verdadera oportunidad para mí en la que podía movilizar la energía colectiva de mis compañeros y la mía.

Yo estaba en el primer ciclo universitario, gestionando mi primera pequeña empresa con una nómina y empleados y, de repente, esas distinciones de género, edad y raza importaban menos a todo el mundo a mi alrededor porque estaba dando trabajo a mis compañeros y un servicio a mi empleador. ¡Y yo me estaba divirtiendo tanto!

Acabaría siendo propietaria de muchos más negocios en mi vida, y todos ellos han implicado el mismo proceso básico que descubrí en la universidad. Presta atención a lo que tienes, y quien en realidad eres ; identifica las oportunidades, y ofrécete sin temor a realizar contactos.

* * * * *

"Tu actitud, no tu aptitud, determinará tu altura." —Zig Ziglar

Cuestiones para discusión

Ponte en marcha. Anota tus respuestas. Comparte con una amiga.

1. ¿Cuándo no te sentiste "visto" por los demás? ¿Qué hiciste al respecto?

2. ¿Cuáles son las tres habilidades que tienes que crees que son valiosas?

3. ¿Cuándo fue la última vez que tomaste una oportunidad basada en las habilidades que has identificado? ¿Ha valido la pena?

4. ¿Cuál es tu oportunidad de sueño? Siéntete libre de ser tan creativa como tú desees. Responde con detalles.

5. ¿Cuáles los obstáculos que se quedan entre ti y esa oportunidad?

6. ¿Puedes pensar en algunos recursos "ocultos" que te rodean - amigos, posesiones, o conocimiento?

7. Imagina que tus habilidades, una oportunidad y los recursos se combinan para inspirar a un negocio. ¿Cuál es ese negocio? Describe con detalle.

3

¿Miembro del Club?

"Nadie puede hacerte sentir inferior sin tu consentimiento." —Eleanor Roosevelt

Nunca he sido una persona exageradamente tímida. Tuve la suerte de crecer con padres que inculcaron en mí y en mis hermanas un fuerte sentido de la autoestima y la confianza, y por eso mi estilo natural es más de tipo "presión en toda la pista" que un juego defensivo fuerte. Dicho esto, incluso un personaje obstinado como yo tenía que aprender que a veces la mejor manera de dirigir es quitarse de en medio.

En mi primer año en Princeton, fui la primera mujer negra elegida como Presidente del Cloister Inn, uno de los más prestigiosos clubes de comida de la Universidad de Princeton. El Cloister Inn es una estructura neo-gótica maravillosa fundada en 1912. Afirma contar con numerosas figuras públicas bien conocidas dentro de sus listas de afiliación, y incluso ha aparecido en algunas películas y libros famosos! El Cloister Inn y los otros clubes de comida privados en "The Street" son parte de la tradición venerable de Princeton.

Cuando entré en Princeton, la institución estaba admitiendo mujeres como estudiantes de pre-grado desde hacía nueve años, y las mujeres como yo todavía éramos pioneras en los corredores de influencia y poder. Las opiniones sobre la educación mixta se dividieron entre los alumnos de sexo masculino cuya experiencia en Princeton era la de una institución para un solo sexo.

Así que fue en este ambiente que fui elegida Presidente del Cloister Inn por mis compañeros. Fue un gran honor y una gran responsabilidad la cual estaba muy emocionada de asumir. Me dio la oportunidad de flexionar mis músculos de liderazgo en un escenario que incluía no sólo compañeros, sino también alumnos importantes.

He tomado la iniciativa en los eventos del club, asumiendo la responsabilidad personal de su éxito y prosperando bajo la presión. Pero entonces sucedió algo que me enseñó que no es suficiente con ser el líder; los otros tienen que verte como un líder también.

Cada mes de mayo, en la reunión de fin de semana, Princeton se llena con casi veinte mil alumnos y sus familias. Para los alumnos es una manera de volver a conectar con sus compañeros de clase y ver cómo ha cambiado la vida en el campus.

Para la escuela, los eventos del Fin de Semana de Reunión proporcionan un ambiente festivo para volver a conectar los alumnos con la escuela y fomentar el apoyo financiero de sus programas para que los futuros estudiantes también pueden experimentar una educación de clase mundial. Hay charlas, proyectos de servicio comunitario, picnics, fiestas, bailes y, por supuesto, desfiles en la incomparable "Pa-rada"! Las clases reunidas desfilan para los espectadores con sus banderas en alto, y los manifestantes mayores, la "Vieja Guardia", siempre consiguen los aplausos más fuertes de los espectadores, ya que deambulan con sus sombreros y chaquetas al ritmo de los enérgicos sonidos de la banda de música.

Puesto que la reunión de fin de semana es una fiesta tan grande, todas las organizaciones sociales y clubes de comida celebran eventos, y ya que era presidente del Cloister Inn, he tomado la iniciativa para organizar una fiesta nocturna que llevaba entremeses, aperitivos y, por supuesto, cerveza. Un montón de cerveza. El ambiente era festivo, con los adultos mayores extrovertidos interactuando con los alumnos graduados mayores, hablando y comparando notas. ¿Y he mencionado que había un montón de cerveza? La gente bebía, y unos bebían más que otros. Algunos estaban algo borrachos.

Me he dado cuenta que un alumno estaba empezando a montar una escena.

Es importante remarcar que era blanco, varón y bastante mayor que yo. Yo sabía que, como presidenta, era mi labor ser diplomática y hacer frente a la situación, así que le he dicho con firmeza, pero con educación. "Disculpe, señor, ¿necesita ayuda? "Él no me hizo caso y siguió hablando con su amigo, y incluso puede que hubiera levantado la voz un poco más. "¿Quieres sentarte?", Le he dicho, con la esperanza de ayudarle a decidir que ese podría ser el momento para que, o bien se relajaba o se volvía a casa. "¿Quién eres tú?" Replicó, en un tono aún más fuerte. "Soy la presidenta de este club", le contesté, logrando pisarle el pie y derramar su cerveza en el proceso. "Cómo te atreves a hablarme de esa manera!" Gruñó. Yo estaba un poco confundida, preguntándome qué tenía de ofensivo identificarme a mí misma como la presidenta del club! El alumno murmuró algo a su amigo, y no puedo decirte en realidad lo que ha dicho, pero el lenguaje corporal era muy desdeñoso. Sin registrar mi "rechazo", he elevado la voz un poco más, "Disculpe, señor, ¿necesita ayuda?"

Con eso fue suficiente. El alumno explotó de rabia. "¿Quién te crees que eres para decirme lo que debo hacer? He sido miembro de este club más tiempo del que tú has vivido! ¿Quién eres tú para decirme lo que he de hacer? «A medida que su voz se hizo más fuerte y la cerveza se derramaba del vaso, comenzó a acercarse a mí más de lo que me parecía aceptable. Me sentí como si hubiera pisado una granada. Respiré, he dado un paso atrás, y cambié de postura.

Rápidamente me he dado cuenta de que siendo una joven negra, presidenta o no, no iba a llegar a ninguna parte con este hombre. Así que llamé a Trevor, el novio de una de mis amigas. Trevor era blanco, de 1.80

metros de altura, y vestido con pantalones de algodón y una camisa del paño de Oxford, en otras palabras, el perfecto pre-universitario. Trevor se acercó a conciliar el ex alumno borracho - y me he quitado de en medio. En cuestión de segundos, el incidente se había terminado.

Yo estaba sorprendida al principio por la irrespetuosa manera de ese hombre para dirigirse a mí, pero sólo durante un momento. Me he dado cuenta de inmediato de que en el juego de la percepción, este ex alumno realmente no me vio como la encarnación de la Presidenta del club gastronómico de Princeton, y por tanto él lo puso en duda. Parte del liderazgo es percibir lo que los demás esperan ver en su líder y, hasta cierto punto, hacer pequeños ajustes para ayudarles a ver el tipo de persona que se sienten más capaces de seguir. En este caso, inmediatamente he comprendido que un típico varón blanco estudiante de preparatoria era la única imagen con la que este hombre iba a conectarse. Estaba en lo cierto. Yo había hecho un buen ajuste.

La segunda cosa que he aprendido fue que la mayoría de las lecciones de liderazgo se aprenden en la arena, en el momento, cuando una situación se está desarrollando ante ti. Como líder, tu desarrollas una especie de radar alrededor de otras personas y, de la misma manera que un piloto ajusta las aletas de las alas para reducir la resistencia al viento en su avión, tu aprendes a ajustar tus propias "alas", según el "tiempo" de cualquier situación en la que te encuentres. Es possible que tengas que inclinarte a la izquierda, o a la derecha; a veces necesitas volar con rumbo fijo. Decidir cómo reaccionar a los retos de tu autoridad es una habilidad que requiere mucha práctica, y tu éxito en el aprendizaje de esta habilidad determinará en gran medida el tipo de resultados que obtienes como líder.

Me siento orgullosa de esta historia, porque era muy joven cuando pasó, y yo hice lo correcto de forma instintiva; es más, he obtenido los resultados que quería, que era celebrar con éxito la Reunión de Fin de Semana.

¿Recuerdas el ciervo de Esopo, que terminó siendo derribado porque admiraba su cornamenta más que las veloces piernas suyas que podrían haberlo salvado? Bueno, yo estaba orgullosa de mi "joya de la corona", también! Yo estaba orgullosa de haber sido elegida por mis compañeros para ser Presidenta del Club, y de que yo era una mujer "pionera" en una universidad superior de la Liga Ivy, tradicionalmente masculina. Sí, cuando miraba mi reflejo estaba orgullosa de quien me había convertido! Así que podría haber "volado a un rumbo fijo" contra la rudeza de ese alumno ebrio. En cambio, se despertó mi instinto de supervivencia, y "he virado hacia la izquierda", y rápidamente he logrado un resultado positivo para todos en la fiesta.

A veces ser un buen líder significa salir del camino.

* * * * *

"No se puede cambiar a todo lo que te enfrentas. Pero nada se puede cambiar hasta que te enfrentas a ello." —James Baldwin

Cuestiones para discusión

Ponte en marcha. Anota tus respuestas. Comparte con una amiga.

1. ¿Cuándo has sido «primera» o pionera en una organización o actividad? ¿Hasta qué punto has presenciado a un debate sobre si a «alguien como tú» debería permitírsele participar en ese grupo o actividad?

2. ¿Cuándo has tenido la oportunidad de asumir un papel de liderazgo formal, elegido o no? Describe brevemente la situación. ¿Cómo te fue?

3. ¿Has sido elegida líder alguna vez pero luego sentiste que no se te veía como tal? ¿Qué pasó?

4. ¿Qué has hecho para adaptarte a la percepción de que no eras el líder? ¿Cómo funcionó tu ajuste para los demás? ¿Cómo funcionó tu ajuste para ti?

5. ¿Alguna vez aprendiste una lección sobre liderazgo mientras estabas «en el momento»? Describe el momento. ¿Cuál fue la lección de liderazgo?

6. ¿Cuando has tenido que «quitarte de en medio» como líder con el fin de crear un buen resultado positivo para todo el mundo?

4

Hawaiian Punch

"Como no sé cuando va a amanecer,
abro todas las puertas." —Emily Dickinson

He aprendido mucho con el Hawaiian Punch. Parece extraño que haya podido conseguir habilidades vitales de una bebida de frutas azucarada, pero lo he hecho.

Al crecer, yo era la mayor de cuatro hermanas. Al igual que muchas familias con niños que tener contentos y alimentados, la nuestra compraba a granel y uno de esos artículos era un bidón de 48 onzas de Hawaiian Punch. Mi madre dejaba a mi consideración la repartición de la bebida, y cada vez que conseguíamos una garrafa, yo la dividía en porciones iguales de 12 onzas para mis tres hermanas y para mí.

Tampoco estaba por encima de negociar las condiciones del Punch. Tal vez una de mis hermanas quisiera negociar un poco más de ponche por otra cosa, o tal vez una de ellas exigiera ir de primera porque ella siempre iba de última. Y estos no eran meras disputas, sino que eran tan intensas y razonadas como las de cualquier debate en una sala de juntas. ¡Es una buena cosa que no fuéramos cinco! Yo no lo sabía, en ese momento, pero al ser la oficial de distribución del Hawaiian Punch, estaba aprendiendo a manejar los recursos, y a navegar el espectro del sí/no.

Los ordenadores me interesaron pronto, y mientras estaba en la Universidad de Pittsburgh estudiando para mi Maestría en Administración de Empresas, también enseñaba cursos sin créditos de tecnología informática. He disfrutado de ayudar a la gente a aprender, y me preguntaba si proporcionar el acceso a las nuevas tecnologías era una manera para crear ingresos para mí misma. He investigado un poco, y he encontrado unas prácticas en una empresa de formación en informática.

Durante la entrevista, el director de recursos humanos ha dicho que era reacia a ofrecerme el cargo porque pensaba que yo sería un futuro competidor.

¡Todos esos instintos del Hawaiian Punch entraron en acción casi inmediatamente!

Me imaginaba a mí misma compitiendo por el espacio con mis tres hermanas, y en lugar de dejar que el "no" del Director de RR.HH disminuyera mi entusiasmo, lo he usado para reforzar mi determinación. He tomado su rechazo como una sugerencia.

Yo sabía que esta empresa estaba en la carrera para conseguir un contrato de la ciudad de Pittsburgh para enseñar a los empleados tecnología informática, y he decidido competir por el contrato en ese mismo momento, ¡exactamente como el director de recursos humanos había sugerido!

Respondí a la solicitud de propuesta de la ciudad, y he mantenido una larga serie de reuniones con los funcionarios de la ciudad que fue algo parecido a esto -

Oficial de la Ciudad: ¿Puedes hacer esto?

Yo: Sí.

Oficial de la Ciudad: ¿Quieres hacer esto?

Yo: Sí.

Oficial de la Ciudad: ¿Estás segura?

Yo: Por supuesto.

Gané el contrato.

Ha sido un proyecto masivo y complicado, pero en muchos aspectos era similar a servir esas tazas de 12 onzas de Hawaiian Punch.

He tenido que distribuir los escasos recursos de tiempo, equipo, y presupuesto con mucho cuidado a fin de hacer que el proyecto se llevase a cabo.

Yo no tenía ni oficina, ni coche, ni ordenadores, y sólo tenía quinientos dólares en el banco. He sido capaz de conseguir y mantener un contrato municipal de 150.000 dólares a la edad de 26 años, porque sabía cómo utilizar lo que tenía: el conocimiento especializado del contenido y la habilidad para transmitirlo. Tuve que pedir dinero prestado para lograr asegurar los ordenadores y un lugar para las clases, y he estructurado mi flujo de caja para que la gente que estaba empleando recibiera al mismo tempo que yo, y no antes. En lugar de comprar todos los libros de texto nuevos, he hecho copias y las he encuadernado yo misma. La ciudad ha pagado lentamente, así que, en vez de una gran plantilla a tiempo completo, he utilizado contratistas independientes y la ventaja de mi propia energía juvenil para mantener las cosas en marcha. En los primeros años, yo sabía que una mala crítica de un cliente podría poner todo el negocio en riesgo, así que pasé tiempo fuera de mi horario de enseñanza creando relaciones.

¿Qué aprendí? Que la clave para manejar este trabajo potencialmente abrumador era dividir la enorme tarea en partes más pequeñas, "de 12 onzas". Sin embargo, la lección aun más fundamental, fue que al conocer muy bien a la mujer del espejo, yo sabía que tenía las habilidades necesarias para hacer exactamente lo que el trabajo requería, y que había estado usando esas habilidades durante toda mi vida - - ¡Desde los días de Hawaiian Punch!

* * * * *

"La suerte es lo que sucede cuando la preparación se encuentra con la oportunidad." —Seneca

Cuestiones para discusión

Ponte en marcha. Anota tus respuestas. Comparte con una amiga.

1. Piensa en la tarea más desalentadora que jamás hayas intentado lograr. ¿Qué la hizo tan desafiante?

2. ¿La lograste? Si es así, ¿cómo? Si no, ¿por qué no?

3. Piensa en un proyecto en el que estés trabajando en este momento. ¿Cómo se puede dividir en partes más pequeñas para que sea más manejable?

4. ¿Puedes recordar un momento en el que creías en ti misma y te valías por ti misma? Anota de forma breve el evento y como lo sentías.

5. ¿Qué es lo que crees que es imposible de hacer, pero te gustaría hacer? ¡Una vez más, vuélvete loca! ¡Se tan creativa como desees! A continuación, escribe los primeros cuatro pasos de cómo empezar a hacerlo.

5

Echar Raíces

"Coraje no siempre rugir. A veces, el valor es la pequeña voz al final del día que dice lo intentaré otra vez mañana."
—Mary Anne Radmacher

Yo estaba tumbada en el hospital mirando hacia el techo. Había sufrido un derrame cerebral paralizante y los médicos me han dicho que podría tomar meses antes de que tuviera la fuerza muscular suficiente para empezar una recuperación.

Mientras tanto, sugirieron que solo me imaginara a mi misma moviendo un dedo del pie, o simplemente pensara en mover un dedo. "Sólo empieza de a poco", me han dicho, "mueve, y espera." He pensado en la jardinería, y lo bien que se sentía agarrar la tierra con mis dedos, para hacer crecer algo, y yo quería sentir eso de nuevo.

Acostada en la cama, sintiéndome un poco como una semilla latente, me vino a la mente un suceso particular de mi vida.

Años atrás, yo era gerente de una gran institución financiera que tenía oficinas en Filadelfia y Nueva Jersey. Se me dio la responsabilidad de despedir a uno de nuestros empleados; una tarea desafortunada de la que ningún gerente disfruta.

Entendí que el empleado tenía que ser despedido, pero no estaba contenta con la forma en que se estaba haciendo. Mis superiores estaban planeando hacerle venir con la excusa de que iba a asistir a una reunión de equipo; pero en realidad iba a llegar antes de la reunión del equipo, para que yo pudiera decirle que ya no tenía trabajo y hacerle salir de allí antes de que llegara el resto del equipo. Yo estaba segura de que había una manera mejor, más humana en que podíamos manejar la situación, sobre todo porque este empleado tenía que venir de otro estado.

Cuando hablé con mi jefe sobre ello, me dijo que yo no tenía opciones, y que si seguía debatiendo más el tema, mi propio trabajo estaría en peligro. Y en ese momento, me sentí tan mentalmente inmovilizada como me sentiría físicamente inmovilizada años más tarde tumbada en la cama del hospital, tratando de aprender a mover mi cuerpo nuevamente. A pesar de que elegí no discutir con mi jefe en ese momento, aproveché la lección sobre mí misma que era inherente a la experiencia, una lección que eventualmente florecería en mi próxima aventura: me encontré cara a cara con esa parte esencial y no negociable de mi personalidad, que valora la comunicación honesta y un enfoque directo en lugar de evasivas, o una postura autoritaria.

Pero tuvo que pasar algún tiempo hasta que la semilla de ese autoconocimiento se arraigase en mí y se convirtiese en algo que yo pudiera articular y transformar en un producto para compartir con el mundo. En ese momento, no podía concebir la frase "entrenadora para resultados de negocio significativos", que es lo que me llamo a mí misma hoy en día. Yo sólo sabía que una comunicación clara y respetuosa en los negocios era posible, y que yo no solo lo haría, sino que enseñaría a otros a hacerlo también.

Yo sabía que quería ayudar a la gente a tomar sus ideas, sueños y habilidades, y cristalizarlos en el tipo de valor que otros pudieran reconocer y estar dispuestos a pagar por ello. Yo quería crear "empresarias peligrosas" y dueñas de negocios que tuvieran el potencial para transformar el panorama empresarial en uno que fuera más creativo y más sincero.

Pero en ese período después de mi derrame cerebral, cuando estaba acostada indefensa en una cama de hospital, parecía tan lejos la energía necesaria para alcanzar ese sueño! Después de días y días acostada allí, y centrando mi intención en el logro del más mínimo movimiento, finalmente moví un dedo. Y luego otro. Finalmente, dedo tras dedo, recuperé el movimiento completo en mi cuerpo - y muy por delante de lo previsto por los médicos, para rematar!

Del mismo modo en que trabajé para recuperar el movimiento después de mi infarto y para sanar mi cuerpo, también tenía alguna cura que hacer en mi carrera.

Equipada con mi sueño, por fin pude dejar atrás el mundo corporativo de las amenazas y ultimátums y crear mi propio negocio de consultoría basado en la construcción de relaciones sinceras y positivas.

Tengo la firme convicción de que cualquier persona puede ser un líder y que cualquiera puede llegar a ser grande, sin importar quiénes son o dónde están empezando su viaje. Sólo empieza pequeño, muévete y espera.

* * * * *

"Hay tres elementos esenciales para el liderazgo:
la humildad, la claridad y el coraje." —Fuchan Yuan

Cuestiones para Discusión

Ponte en marcha. Anota tus respuestas. Comparte con una amiga.

1. ¿Hay maneras en las que te sientes restringida o no auténtica en las circunstancias actuales de tu vida? Si es así, enumerarlas aquí.

2. ¿Puedes hacer una lista de lo que crees que son tus auténticos valores, las creencias que más aprecias?

3. ¿Sientes que estas creencias te están ayudando, o que te detienen?

4. ¿Puedes enumerar tres metas personales y / o profesionales que tienes en este momento?

5. ¿Puedes enumerar cinco cualidades que admiras de ti misma? ¿Te imaginas cómo esas cualidades podrían ayudarte a alcanzar tus metas?

6. ¿Cuándo te sientes más energizada? ¿A qué hora del día? ¿Durante qué actividad?

7. ¿Qué crees que son tus mejores características? ¿Talentos más grandes? ¿Qué crees que son tus peores rasgos? ¿Te imaginas un uso positivo para alguna de tus "peores" características?

La paloma y la hormiga (Aesop)

Una hormiga, yendo a un río para beber, cayó, y fue llevada por la corriente. Una Paloma se compadeció de su condición, y arrojó al río una pequeña rama, por medio del cual la Hormiga llego a la orilla. Después de todo, la Hormiga, al ver a un hombre con una escopeta apuntando a la Paloma, le picó en el pie bruscamente, y le hizo perder su objetivo, y así salvó la vida de la Paloma.

***Moraleja**: Pequeños amigos pueden resultar en grandes amigos, y una buena acción merece otra.*

Abraza la Oportunidad

"Un pesimista ve la dificultad en cada oportunidad; un optimista ve la oportunidad en cada dificultad" —Sir Winston Churchill

Tomemos un momento para nosotras mismas antes de continuar nuestro viaje.

Hasta ahora, hemos visto cómo es posible superar todo tipo de parálisis: emocional, metafórica, y incluso física. Y también hemos visto que cuando estás atascada, así como estaba yo en una situación tensa de trabajo, o con baja energía, es imperativo buscar a tu sistema personal de valores auténticos y vivir de acuerdo a el.

También hemos visto que cuando eres consciente de todos los enormes recursos a tu disposición, notas las oportunidades mucho más fácilmente.

Una vez que hayas hecho un balance de tu carácter y tus recursos y que has descubierto una oportunidad, es importante elegirte a ti misma, negociar por ti misma, y creer en ti misma. Debes hacerlo incluso en frente de la derrota , como cuando el gerente de compras de la Ciudad de Pittsburgh me ha dicho "no" antes de que yo decidiera seguir el contrato de la gran ciudad por mi cuenta. En efecto, mediante la comunicación de sus razones para no contratarme, el gerente de compras se convirtió en mi aliado involuntario.

Tu también tienes que ser capaz de tomar la oportunidad y convertirla en resultados reales, en valor real. Pero eso es sólo parte de la ecuación.

Las historias que te voy a contar ahora son ejemplos - buenos y malos - de algunos momentos de mi vida en que me he encontrado aliados al igual que la hormiga y la paloma de Aesop, aliados que me han ayudado a ver el camino hacia nuevas oportunidades.

6

El Efecto balancín

"La cuestión no es quién me va a dejar;
es quien me va a detener" —Ayn Rand

Cuando era pequeña, solía participar en la lotería "American Family Publishers". Me sentaba en el suelo de mi casa en Norristown, PA, seguía cuidadosamente las instrucciones de participación, escribía el dirección en el sobre y lo enviaba con el franqueo exacto requerido. El pensamiento de Ed McMahon apareciéndose en mi puerta con un cheque de gran tamaño era tentadora, pero también había algo más funcionando en mí. Mis padres, ambos eternos estudiosos, me habían animado a explorar y a ser curiosa, y eso creó en mí un sentido de la libertad y la capacidad de soñar que yo quería compartir con los demás. ¿Mi agenda secreta? ¡Iba a participar en la lotería para poder abrir una escuela en nombre de mis padres!

¿Estaba loca por participar en esa lotería una y otra vez? Bueno, ¡yo no lo creo! Cuando se trata de lo que haces en la vida, creo en el efecto balancín. Dicho de otra manera, lo que das se relaciona directamente con lo que recibes.

Cuando estaba en mis veinte años, trabajaba en la ventas y cubría un territorio muy largo en la ciudad de Pittsburg. Creo que había una razón muy práctica por la que me dieron ese territorio; la compañía sabía que había una gran población negra para que no me sintiera aislada, pero era una área suficientemente pequeña para que no me sintiera abrumada.

Empecé a conocer miembros de la comunidad, y Don Patterson, Jr. era una de esas personas. Don se había criado en una familia de empresarios y había visto de primera mano lo poderoso que es dirigir tu propio negocio. Él ha desarrollado un programa extra-curricular que se centró en la enseñanza de habilidades empresariales para la juventud. Yo era una joven mujer negra creando su propia vida empresarial, y por eso Don me invitó a hablarle a sus chicos.

El discurso fue bien, y después Don creó un circuito de oradores que amplificaría el impacto de los discursos como el que justo había dado. Como primer orador, ¡Don invitó al empresario estadounidense Earl Graves, empresario, filántropo, editor de la revista Black Enterprise y CEO de su propia compañía de medios de comunicación! Fue una apuesta, pero funcionó, y cuando el señor Graves aceptó la invitación, un patrocinio de Pepsi cubrió los sus honorarios de locutor. Don me ha convidado a compartir el palco con él en esa ocasión y me he sentido afortunada de compartir también el palco con Earl Graves—y tengo las fotos para probarlo.

Ese ha sido un momento de orgullo en mi vida. Me encontré con uno de los grandes líderes de negocios del mundo, pero también sentí una sensación de recompensa por ayudar a crear una experiencia inspiradora para otras personas, especialmente para los jóvenes. Se hizo eco de la emoción que había sentido al crecer en un hogar con padres que me animaron a aprender y soñar, y es un sentimiento, algo que he deseado recrear una y otra vez a lo largo de mi carrera, tanto como donante y como receptora de inspiración.

Recordando estas experiencias, se me viene a la memoria el lema de mi alma mater, Princeton: ". Al servicio de la Nación" No tenía ni idea de que ese era el espíritu que yo estaba desarrollando cuando participaba en los sorteos cuando era niña, con el fin de construir una escuela en nombre de mis padres, pero lo era.

Tenia una idea más clara de lo que estaba sintiendo cuando ayudé a llevar al Sr. Graves a hablar con los jóvenes empresarios en Pittsburgh. Hoy en día, el mandamiento de servir es una parte explícita de mi trabajo como entrenadora de negocios. Siempre que entreno a empresarios, veo la oportunidad de ayudarles a descubrir su propio sentido de capacidad y entusiasmo. Cuando ese proceso tiene éxito, es un regalo maravilloso y dinámico. Al darles las herramientas para descubrir su libertad en sus propios términos, me parece que mi propio sentido de libertad se renueva.

Un balancín es divertido, pero se necesitan dos personas para hacer que funcione. Ayuda a otra persona a descubrir su camino y ciertamente descubrirás tu propio camino en el proceso.

* * * * *

"Ningún hombre se ha escuchado a si mismo fuera de un trabajo." —Calvin Coolidge

Cuestiones para discusión.

Ponte en marcha. Anota tus respuestas. Comparte con una amiga.

1. ¿Cuál crees que es un don o un talento especial tuyo que vale la pena compartir?

2. ¿Cuándo fue la última vez que compartiste ese don o talento especial? ¿Qué pasó?

3. ¿Cuándo fue la última vez que alguien te ha dado algo? ¿Qué era y cómo te hizo sentir?

4. ¿Cuál es tu idea de «servicio?»

5. Mira a tu alrededor y identifica un servicio que puedes ofrecer a otra persona que puede a la vez ayudarte a alcanzar tus metas.

7

Máquina de copias

"Si tienes conocimiento, deja que otros enciendan sus velas en él." —Margaret Fuller

Hubo un período de mi vida cuando la tienda de copias Kinko fue mi segunda casa. Fue cuando daba clases de computación para la Ciudad de Pittsburgh como contratista solitaria. Después de un día completo de trabajo, me gustaba descansar un poco y luego ir al taller de fotocopias para hacer los materiales para la semana entrante. ¡Por lo general llegaba entre la una y las tres de la mañana y estaba allí tan a menudo que algunos de los empleados y yo nos tratábamos por el nombre de pila! Yo era una habitué y tampoco estaba sola. Había otras personas que se rondaban por las máquinas en esas horas de la madrugada, y nosotros los "fantasmas" llegamos a reconocernos entre sí, también. Hubo un cierto tipo de persona que necesitaba utilizar Kinko regularmente durante el turno de noche, y todos éramos variaciones de los unos con los otros.

Una mañana, alrededor de las 6 de la mañana, escuché a alguien que trataba de convencer a un empleado de Kinko para ayudarla a ajustar un documento de procesamiento de textos. El empleado fue menos que entusiasta y se negó a ayudarla.

En ese momento, yo enseñaba a la gente cómo utilizar el software para ganarse la vida y yo conocía el tipo de persona que venía a trabajar a altas horas de la noche o temprano en la mañana: ella necesitaba tener algo hecho, ¡y necesitaba hacerlo ahora!

Podía sentir empatía con eso, así que decidí a echar una mano. Era realmente una solución bastante fácil y, después de haber terminado, la mujer estaba agradecida y impresionada.

Me preguntó cómo sabía tanto y mencioné que manejaba una empresa de consultoría de tecnología. Bueno, ella me echó esa mirada que la gente hace cuando están experimentando un momento de suerte, ¡y así fue como la paloma de Esopo había encontrado a su hormiga!

La mujer trabajaba en el banco PNC y necesitaban a alguien para enseñar un nuevo software a sus empleados. Ella me pasó la tarjeta de presentación de la persona a cargo de esa iniciativa, un hombre llamado Bernie. Por supuesto, le he dado seguimiento. Gané un contrato con el banco PNC y me acerqué a él con la misma ética de trabajo que me llevó a Kinko noche tras noche. Como resultado de mi actuación, Bernie me recomendó a otros administradores de PNC que necesitaban la formación en el software.

Un cliente interno era Julia y, a través de los años, Julia me llamaba para formación y servicios de consultoría. El contrato de PNC me dio una gran experiencia, me convertí en una mejor consultora, y profundizó mi conocimiento en la gestión del tiempo y las relaciones. Un contrato especial con lo que Julia me conectó era ser la entrenadora ejecutiva exclusiva de computación. Volé por todo el país enseñando a la gente en puestos superiores cómo usar la nueva tecnología. Fue especialmente emocionante porque el trabajo me ofreció una mezcla única de libertad y estabilidad. También sentí como si hubiera encontrado un mentor y socia en Julia.

Además, había dinero: se trataba de un contrato muy lucrativo.

Anteriormente, he mencionado coincidencia, pero realmente creo que esa noche en Kinko fue más un ejemplo de sincronía. Había estado trabajando diligentemente en mi contrato con la ciudad y había sido persistente con respecto a regresar a Kinko, incluso cuando prefería dormir.

Yo sabía dónde quería ir y he insistido con tal regularidad que, finalmente, estaba en el lugar correcto en el momento adecuado, equipado con - y esto es importante - el espíritu de servicio adecuado.

Creo que es importante tener en cuenta que yo no estaba buscando nada a cambio cuando ayudé a esa mujer aquella noche, de igual manera que la paloma de Esopo no esperaba que una simple hormiga sería capaz de salvar su vida. ¡Pero conseguí algo de todos modos! Unos pocos minutos de mi tiempo ofrecidos de forma gratuita, llevaron a oportunidades increíbles, maravillosas relaciones - y un montón de ingresos.

Realmente no se puede saber cómo, cuándo o dónde tu momento se presentará, pero lo hará. Por eso está preparada.

* * * * *

"Pugna, no para tengas éxito, sino para tengas valor." —Albert Einstein

Cuestiones para discusión

Ponte en marcha. Anota tus respuestas. Comparte con una amiga.

1. Piensa en un momento en el que has trabajado muy duro en algo que era importante para ti. ¿Qué era lo que te conducía?

2. ¿Cuál es tu objetivo actual? Enumera tres cosas que estás dispuesta a sacrificar para lograrlo.

3. ¿Cuándo fue la última vez que ayudaste a un desconocido? ¿Qué has hecho?

4. ¿Alguna vez obtuviste una recompensa por un gesto generoso? ¿Qué fue?

5. ¿Qué puedes hacer ahora mismo para recrear esa dinámica?

…

Tomar Notas

"No somos lo que sabemos, sino lo que estamos dispuestos a aprender." —Mary Catherine Bateson

La primera vez que he tomado clases de estadística en la universidad, no me comí el mundo precisamente, mis notas estaban muy por debajo de lo que quería.

Esto era preocupante ya que no cumplía con mis estándares personales y porque, desde luego, no cumplía con los estándares exigentes de mis padres - ambos son estudiantes ávidos y gente muy brillante. Sin embargo, me inscribí en el curso de nuevo, decidida a hacerlo mejor. Mi profesor de estadística, la segunda vez, fue un joven estudiante de posgrado de pelo rizado que llevaba zapatillas de deporte y pantalones de pana, y que enseñó con un entusiasmo contagioso. Realmente le encantaba hablar de las minucias de la estadística, ¡incluso haría chistes de estadística! Por supuesto, algunos de mis compañeros de clase se mostraron desconcertados por ese estilo de persona; pero el enfoque jocoso y entusiasta de ese profesor era exactamente lo que necesitaba.

Cuando estaba creciendo, me di cuenta de que mis padres hicieron una práctica regular de aprender algo nuevo siempre. Ellos deliberadamente trataron de aprender por sí mismos temas que ampliaran su experiencia de vida. Mi padre médico había tomado clases de arte, y más tarde desarrolló un interés en los ordenadores. No es raro verlo en medio de una gran variedad de equipos de computo desmontados, operando con precisión científica, tomando notas, revisando y volviendo a empezar cuando falla. Mi madre, también médica, ha estudiado varios idiomas a partir de los 50 años de edad hasta el día de hoy. En mi casa, el aprendizaje no era una rutina, era un privilegio y algo con lo que disfrutar y entusiasmarse. Yo me he criado de esa manera y todavía me encanta aprender.

Así que cuando obtuve esa nota baja en estadística, fue más que un mini-drama colegial, desafió mis creencias personales y el sentido de lo correcto.

Nunca había tenido problemas con nada académico antes y, de repente, ¡el aprendizaje no parecía tan divertido! Pero, por supuesto, nuestras actitudes y creencias son los filtros a través de los cuales experimentamos nuestras vidas y, en gran medida, también determinan cuánto aprendemos o no aprendemos. ¡Tenía que creer que podía aprender estadística! Y eso es lo que tenía de especial el instructor en mi segundo intento en la materia; él creía que era divertido y quería que los estudiantes se entusiasmaran con ella también. Su actitud era contagiosa, y funcionó; yo me entusiasmé lo suficiente con la estadística como para obtener un sobresaliente.

Hoy me centro en llegar a un entendimiento de las cosas básicas como regla de oro- tratando a los demás como quiero ser tratada. Y trato de averiguar por qué esas reglas se cumplen. Me centro en el uso de mis cinco sentidos para recoger información del mundo que me rodea. Me concentro en el sentido común de la quietud. Trato de estar en silencio y reflexionar sobre las razones que hacen que los acontecimientos en mi vida sucedan. Siempre estoy tratando de descubrir nuevas ideas y nuevas formas de ver. Y tomo notas. Porque si prestamos atención a los acontecimientos en nuestras vidas, podemos sacar más valor de ellos en vez de simplemente rodar, sin reflexión, a través de ellos.

Sé que podía haber aceptado mi nota inicial en estadística, y podría haber culpado de mi pobre rendimiento a la primera clase del profesor.

Pero he elegido seguir siendo honesta conmigo misma por no cumplir con mis normas personales, confiando en que podría mejorar - y lo he hecho.

La vida es realmente la mayor aula - si, y sólo si, nos presentamos, asumimos responsabilidad personal y mostramos entusiasmo.

Y tomamos notas.

* * * * *

"La educación cuesta dinero. Pero entonces también la ignorancia." —Sir Claus Moser

Cuestiones para discusión.

Ponte en marcha. Anota tus respuestas. Comparte con una amiga.

1. Escribe brevemente sobre un momento en que sentiste que te quedaste a la zaga. ¿Qué podrías haber mejorado?

2. Escribe acerca de una vez que te diste por vencida demasiado pronto. ¿Por qué lo dejaste? ¿Qué pasó después?

3. ¿Quién fue el último profesor que tuviste que te inspiró? ¿Fue dentro o fuera de un aula? ¿Has dado las gracias a esa persona?

4. ¿Cuándo fue la última vez que te enseñaste algo a ti misma?

5. Escribe acerca de alguna vez en que lograste la victoria a partir de una derrota. ¿Qué pasó, y cómo has dado vuelta a la situación?

6. ¿En este momento, sobre qué te entusiasma más aprender? ¿Cómo vas a hacerlo? ¿Cuándo vas a empezar?

9

Fallas en el Sistema

"Puedes estar decepcionada si fallas,
pero estás condenado si no lo intentas." —Beverly Sills

Gran parte de la vida trata sobre la interdependencia y las alianzas naturales.

Las plantas y los árboles nos dan el oxígeno y nosotros les devolvemos dióxido de carbono. Las plantas luego utilizan nuestras exhalaciones de dióxido de carbono para procesar más oxígeno, y así sucesivamente en un ciclo sin fin. El planeta y toda la vida en él comprenden muchos sistemas entrelazados que se alimentan y se apoyan entre sí, y una pieza de entrada encaja en otra pieza de salida. Es como si la vida fuese parte de un gran aliento cósmico.

En el caso de la organización humana, hemos tomado muchas señales de la naturaleza y hemos desarrollado nuestros propios ecosistemas delicados que nos ayudan a lograr enormes tareas que de otro modo serían imposibles. Cuando funciona, funciona y ¡se hacen grandes cosas! Pero a veces no funciona, y los sistemas se vienen abajo.

A finales de 2009, había conseguido un contrato con el gobierno que me permitió ser un proveedor principal en lugar de un subcontratista. Así que he dado a otro empresario la oportunidad de aumentar su negocio siendo mi subcontratista. Acordamos que me pagaría una tasa de referencia del 10% de sus ingresos por este contrato, durante un periodo de un año.

Entre el papeleo, las conferencias telefónicas y la logística en general, yo había hecho un gran esfuerzo en asegurar este contrato, así que estaba feliz de compartir y ayudar a otro empresario, pero quería mi parte. Pero una vez que empezaron a llegar los cheques del contrato con el gobierno, el sub-contratista dejó de comunicarse conmigo.

Cuando tuve la oportunidad de ponerme al día con él, resultó que él no parecía recordar nuestro acuerdo sobre la tasa de referencia del 10%. Durante meses lo perseguí tratando de obtener lo que me debía, pero él no estaba dispuesto a respetar nuestro acuerdo. Al final lo llevé a juicio.

Esto es un ejemplo de un sistema de interdependencia viniéndose abajo. Yo contaba con que el sub-contratista respetara nuestro acuerdo, y cuando no fue así, se originaron toda una serie de acontecimientos que me obligaron a reorganizar mis recursos, a gastar tiempo negociando con él y tratando con abogados, lo que a su vez afectó al resto de mi negocio. En retrospectiva, podría haber hecho más análisis y las debidas diligencias antes de incluirlo en el trabajo. Haberle hecho más preguntas y haber formalizado nuestro contrato a través de un abogado o asistente legal, me habría ahorrado un montón de problemas.

Del mismo modo que la respiración es esencial para tu vida, de vital importancia es también para tus relaciones personales asegurar que lo que das - como la energía, los recursos, el tiempo - te será devuelto de alguna manera. De lo contrario, te agotarás.

Cuando estés construyendo un sistema y trabajando con otras personas, haz lo posible para fomentar la transparencia y una comunicación clara respecto a las expectativas y los resultados. Pero recuerda, nada es perfecto. Los defectos en la estructura de un sistema no siempre son evidentes, y muchos pueden ser solucionados únicamente cuando llaman tu atención, que por lo general es cuando algo ha ido mal.

A la hora de evaluar un sistema que involucra personas, comienza por el respeto.

Al nivel de la raíz, mi sub-contratista no estaba respetándose a sí mismo o el valor de su palabra y, desafortunadamente, eso ha causado una interrupción irreparable en nuestra relación. Si tu notas que alguien no está respetándose a sí mismo, ni a ti, tiene cuidado. Lo que fluye desde ese punto probablemente será defectuoso también. El respeto es la base, y no es negociable: es el aliento que intercambiamos en las relaciones saludables.

* * * * *

"Un pesimista es el que hace dificultades de sus oportunidades, y un optimista es aquel que hace oportunidades de sus dificultades" —Harry S. Truman

Cuestiones para discusión.

Ponte en marcha. Anota tus respuestas. Comparte con una amiga.

1. Menciona una situación en la que sentiste que no estabas siendo respetada. ¿Cómo has respondido?

2. ¿De que "sistemas" formas parte en la actualidad? ¿Cómo están funcionando? ¿De que manera son disfuncionales? Tómate un momento para analizar lo que está funcionando y lo que no.

3. Menciona una ocasión en la que has dado energía a una situación y luego no ha valido la pena. ¿Qué podrías haber hecho de otra manera?

4. ¿Puedes pensar en un sistema que te funcione muy bien? Enumera tres observaciones al respecto.

5. ¿Puedes pensar en alguna ocasión en que brindaste confianza y te valió la pena? Describe brevemente lo que pasó.

El Haz de Leña (Aesop)

Un anciano, a punto de morirse, llamó a sus hijos a su alrededor para darles algunos consejos de despedida. Ordenó a sus sirvientes que trajesen un manojo de varas, y ha dicho a su hijo mayor: "Rómpelo." El hijo tensó y tensó, pero con todos sus esfuerzos no pudo romper el paquete. Los otros hijos también lo intentaron, pero ninguno de ellos ha tenido éxito. "Desata el paquete", ha dicho el padre, "y que cada uno de vosotros coja un palo." Cuando lo hicieron, él les gritó: "Ahora, rompedlo", y cada palo se rompió fácilmente. "¿Veis lo que quiero decir?", ha dicho su padre.

Moraleja: *La unión hace la fuerza.*

Busca Apoyo

"La generosidad no reside tanto en dar mucho,
sino en dar en el momento oportuno" —Jean de la Bruyere

Hagamos una pausa de nuevo. ¿No es maravilloso cómo lo que recibes de la vida es proporcional a lo que das? ¿Y no es también un prodigio la manera en que se producirán situaciones positivas cuando haces, suficientes veces, lo correcto de la manera correcta?

Ayudar a traer la sabiduría de Earl Graves a un público más amplio fue una experiencia increíble. Y conocer a un extraño en medio de la noche en un centro de fotocopias - un extraño que terminó ayudándome a desarrollar mi carrera - fue una agradable sorpresa. Dar es su propia recompensa, pero a veces la vida da una ventaja maravillosa.

Incluso cuando las cosas no funcionan tan bien como te gustaría, como cuando tuve que demandar un socio de negocios, siempre te llevas algunas pepitas valiosas.

Te voy a contar un secreto no tan secreto: la parte más grande del éxito después de un fracaso está en el intentarlo de nuevo. La segunda mayor parte es aprender de tus errores y ajustar tu comportamiento respectivamente.

Ahora entiendo que tengo que poner toda mi energía en las cosas que están funcionando para mí, no importa cuán pequeña sea, y cortar rápidamente las cosas que no lo hacen. Porque incluso cuando las cosas están funcionando para nosotros, todavía necesitamos ayuda. Como en el cuento de Aesop sobre el haz de leña, descubrimos que la unión hace la fuerza. Déjame decirte ahora cuando he buscado la ayuda de otros - y encontré fuerza inquebrantable.

10

Círculo de Amigos

"El más bello descubrimiento que los verdaderos amigos hacen es que pueden crecer por separado sin crecer aparte."—Elizabeth Foley

No tenemos tiempo ilimitado en nuestras vidas, y eso hace que sea importante que hagamos lo que realmente queremos hacer cada día, las cosas que nos hacen sentir bien y que nos gustan. Los logros no son siempre cuestión de juegos de poder o de acrobacias en la sala de juntas.

Uno de los momentos más gratificantes de mi vida fue una cita mensual de té con un grupo de mujeres internacionales. Nos llamábamos las Damas del Té. Éramos de Japón, Canadá, Australia y de los Estados Unidos. Había conocido a la mujer australiana, Rebecca, en una reunión de la iglesia, y más tarde me enteré de que ella fue voluntaria en un jardín comunitario. Nos pusimos a hablar y establecimos un vínculo de forma instantánea a través de la jardinería. Después de habernos conocido durante un tiempo, ella me dijo que tenía un grupo de amigas a las que tenía que conocer absolutamente.

Después de eso, tenía citas mensuales con mi nuevo círculo de amigas; Becca, Cindy, Gaby y Shushi. Encontramos casas de té que servían té formal, y a pesar de que no llevábamos guantes de muselina blanca, ¡se trataba de un asunto con clase! Normalmente soy más introspectiva y solitaria, por lo que era especial ser invitada a este círculo de mujeres y tener un grupo al que sentía que pertenecía. He Disfrutado de la parte de aventura, de los delicados sándwiches y de la formalidad de los mismos.

Y apreciaba el apoyo que nos brindábamos unas a otras durante nuestras conversaciones. ¡Y como hablábamos! Hablábamos de todo: los novios, el trabajo, los viajes, las oportunidades y las decepciones.

Fue una gran alegría tener amigas con quien poder relajarse. No hablábamos de negocios y yo no tenía que preparar notas. Debido a que éramos un grupo internacional, mi conciencia de lo que estaba ocurriendo en todo el mundo se expandió, pero de una manera muy personal, a través de los ojos de cada una de estas interesantes mujeres.

El grupo de té fue una experiencia única de empoderamiento y transformadora para mí. Los miembros del grupo compartían un respeto mutuo y un sentido de cuidado y sin juicios. Éramos una comunidad. ¡Y a veces, pertenencia y comunidad provienen de los lugares más sorprendentes! Un gran grupo de compañeros de viaje es muy valioso en el camino hacia el éxito, te mantienen creativa, ingeniosa y te alientan.

Cuando estoy trabajando con clientes siempre me pregunto si están trabajando en su negocio o si su negocio está trabajando en ellos. ¡Esa no es una pregunta sólo para los empresarios ni siquiera la gente de negocios! Todos nosotros podemos y debemos re-pensar nuestro enfoque de la vida regularmente y considerar si realmente estamos haciendo tiempo para lo que es más importante para nosotros. Puede que no sepamos de inmediato qué es esa cosa; no importa.

Construir relaciones. Ser vulnerable. Encontrar la fuerza en las relaciones de apoyo. Con el tiempo, tendrás una red de brazos amistosos donde apoyarte. La vida es mucho más amplia que la búsqueda del poder y vivir plenamente a veces puede ser tan simple como compartir una taza de té con una amiga.

* * * * *

"El lenguaje de la amistad no son las palabras sino los significados." —Henry David Thoreau

Cuestiones para discusión

Ponte en marcha. Anota tus respuestas. Comparte con una amiga.

1. ¿Cómo describes comunidad?

2. ¿A qué comunidades perteneces? Haz una lista y describe el valor de cada uno de vosotros.

3. Describe una situación en la que te sientes como si compartiste un conjunto de valores con otra persona. ¿Qué pasó?

4. ¿Cuándo has tenido un momento en el que encontraste la fuerza en tu asociación con otras personas?

5. ¿De qué manera te sientes ahora apoyada por tus diferentes comunidades o grupos de amigos?

6. ¿Qué apoyo les ofreces?

7. ¿Cómo pueden tus comunidades ayudarte para alcanzar tus metas ahora mismo?

11

Trae Flores Siempre

"Una sonrisa es una curva que pone todo recto." —Phyllis Diller

A medida que la sociedad está cada vez más hiperconectada y mas conocedora de la información, puede ser difícil para las empresas y los líderes mantenerse al día.

Y mientras que muchos están persiguiendo resultados, efectividad y un retorno de la inversión, las almas de las organizaciones son, a menudo, pasadas por alto; hay un fallo a la hora de tener en cuenta las personas, sus necesidades, valores y pasiones.

Y esa inadvertencia puede crear ambientes muy desorientadores.

Por ejemplo, al principio de mi carrera, alcancé el nivel de vicepresidente de una corporación y trabajaba duro en mi ocupación, pero no me sentía satisfecha.

Me sentía como si fuese considerada sólo una administradora, una de tantos agentes de la organización, en lugar de una persona con una historia y un propósito únicos.

Básicamente, estaba perdiendo el sentido de pertenencia y de ser respetada y me fui en busca de ello.

Afortunadamente, la hora y el lugar estaban de mi lado. Había oído hablar de un nuevo estilo de liderazgo llamado Indagación Apreciativa. Se centra en volver a enmarcar las preguntas que hacemos para evidenciar las fortalezas, experiencias y potencialidades inherentes a los miembros de una organización. También se centra en el cultivo de la comunidad, al reunir a grandes y diversos grupos de personas, para examinar y mejorar lo que ha funcionado en el pasado. En resumen, es un enfoque de afirmación de las personas y que busca el cambio constructivamente. En ese momento, sólo había una docena de personas que practicaban este enfoque en toda la nación. Una de esas personas era una mujer llamada Susan, una antigua ejecutiva de Arthur Anderson, que seguía siendo la anfitriona de las sesiones de entrenamiento en su casa de Filadelfia.

Incluso hasta el día de hoy, no estoy segura porque lo hice, pero he decidido llevar un ramos de bellos tulipanes a la primera sesión de entrenamiento. Talvez, dado que las sesiones eran en su casa, cambió el timbre del momento. Esta era una mujer que había estado en lo más alto en una de las mayores firmas de contabilidad en los Estados Unidos. Ella había visto todos los movimientos de poder, pero mis flores no fueron recibidas como uno de ellos. Ella era amable y aceptaba todo, incluso presentó los tulipanes al resto del grupo.

En los meses siguientes, he aprendido la práctica intensiva de la Indagación Apreciativa. Por la primera vez en mucho tiempo, me sentí como si fuera parte de un equipo, como si estuviera conectada a un grupo de personas a través de una visión y un objetivo común. En este caso, el objetivo era ser un grupo de consultores y líderes de desarrollo organizativo más efectivo. El espíritu del grupo era de colaboración y sincera curiosidad. Sin lugar a dudas, este ambiente se desarrolló debido a que Susan lo fomentó.

Durante ese tiempo, adquirí habilidades que todavía hoy utilizo. Y también he empezado relaciones que condujeron a enormes oportunidades profesionales. Creo que esto fue así porque llevé todo mi ser a un grupo receptivo y incluyente. No tenía forma de saber que iba a ser así antes de ir a la casa de Susan, pero me decidí a hacer el gesto de llevar un regalo y creó un tono que duró.

Todos podemos hacer esto de una manera o otra. Lo que sea que tengamos que florezca, o que ilumine la sala, podemos ofrecerlo al grupo. Podemos cultivar conexiones significativas. Y de esos vínculos de aprecio sincero, pueden crecer cosas nuevas y hermosas. Siempre que vayas a un lugar nuevo, lleva flores.

* * * * *

"Ningún acto de bondad, por pequeño que sea, es desperdiciado." —Aesop

Cuestiones para discusión

Ponte en marcha. Anota tus respuestas. Comparte con una amiga.

1. ¿Qué es el aprecio para ti? ¿Qué apariencia tiene y cómo se siente?

2. ¿Cuándo fue la última vez que mostraste aprecio por los talentos de otra persona? ¿Cómo lo has hecho?

3. ¿Cuándo fue el momento en que fuiste elogiado por un talento o una acción? ¿Cómo te has sentido?

4. ¿Cuál es el don que posees y que aún no has compartido con nadie? ¿Qué crees que podría ocurrir si compartieras ese don?

5. ¿Quiénes son las personas con quienes mejor te sientes?

6. ¿Qué puedes hacer ahora mismo para que estas personas en tu vida se sientan apreciadas?

12

Abre el camino

"La vida es lo que hacemos de ella, siempre lo ha sido, siempre lo será." —Abuela Moses

Una de las cosas que más me entusiasma es cuando me invitan a servir como facilitadora, porque es mi oportunidad de dirigir a la gente en la toma de medidas concretas que hará que todos se muevan hacia adelante.

Facilitar tiene que ver con llevar a la gente a sus propias realizaciones y abrirla a la posibilidad y al valor que tiene hacer pequeños cambios. A menudo soy invitada por organizaciones para crear y dirigir un debate con el fin de resolver un problema específico. Eso es facilitación en el nivel más básico, y me he dado cuenta de que es una herramienta muy poderosa.

Una experiencia interesante que he tenido fue cuando me invitaron a ayudar a resolver un dilema para un hospital infantil en Filadelfia. El hospital había sido designado como un instituto especializado, lo que significa un prestigioso honor. Los gerentes estaban orgullosos de ese prestigio y querían protegerlo, pero se enfrentaron a un problema grave; algunas enfermeras del personal se sentían como si no se les estuviera dando el debido crédito, a pesar de ser un elemento importante en el éxito del hospital. Sentían que mientras que debería ser el doctor el que diese las noticias de que alguien iba a perder a un niño, eran las enfermeras quienes tenían que arreglarse con la realidad de cuidar del paciente moribundo y mantener la continua comunicación con la familia afligida. Por supuesto, el hospital consideraba el conocimiento y la experiencia de las enfermeras como un activo y quería mantenerlas tanto a ellas como a su dedicación. Pero había un conflicto evidente entre el estado carismático del hospital y el resentimiento sentido por una gran parte del personal importante.

Mi tarea era ayudar a que las enfermeras enfrentaran ese conflicto y que avanzaran en una dirección más positiva. Yo era parte de un equipo de consultores que comparten el proceso de las 4 D, "Descubrir, Soñar, Diseñar y Distribuir" que involucró a los tres turnos de enfermeras. Todo el departamento de enfermería tenía la oportunidad de formar parte de definir quiénes iban a ser dentro de la organización, y tomar posesión de la importancia dentro del equipo de profesionales del hospital.

Así que he facilitado una serie de entrevistas individuales y de grupo entre los diversos grupos de enfermeras. Era especialmente fascinante cuando las enfermeras más jóvenes y las enfermeras más experimentadas compartían historias acerca de porqué eligieron comenzar una carrera en enfermería. Eso permitió a las enfermeras más nuevas escuchar la historia de un funcionario de categoría superior y les ha dado a las enfermeras veteranas una forma de recordar porqué comenzaron la carrera de enfermería en primer lugar. Las relaciones fueron construidas, y las extensiones se realizaron en todas las disciplinas y departamentos y como resultado, todas ellas fueron capaces de seguir adelante con una renovada confianza mutua. El poder de la narración, con énfasis en la identificación de situaciones y acciones del pasado que habían dado buenos resultados, proporcionaron la energía para que todo el mundo imaginase un futuro mejor.

Creo que las personas más exitosas (y grupos) tienen una buen entendimiento de su propia historia. Me gusta mucho facilitar ya que ayuda a desarrollar ese sentido más allá y también ayuda a la gente a usar su historia para tomar las acciones que necesitan tomar. Ayudar a otros a contar sus historias no es solo una útil herramienta de negocio, ¡es una poderosa pizca de conocimiento fundamental en todos los ámbitos de la vida! Para que alguien comparta su historia contigo, tiene que confiar ti. Y para que confíe en ti, tienes que hacer las preguntas correctas, con un espíritu de indagación sincero. Una vez que hayas abierto un debate libre, hay más posibilidades de que cambies la manera en la que alguien piensa, aunque sólo sea ligeramente. Eso es maravilloso, porque los pensamientos llevan a acciones, y un ligero cambio de pensamiento puede ser el comienzo de un gran cambio en la vida.

* * * * *

"El liderazgo es la capacidad de traducir la visión en realidad." —Warren Bennis

Cuestiones para discusión

Ponte en marcha. Anota tus respuestas. Comparte con una amiga.

1. Describe un momento en que un extraño compartió una historia contigo. ¿Cómo te sentiste?

2. Escribe tu breve biografía como si estuvieras escribiéndola dentro de cinco años. ¿Qué dice?

3. ¿Alguna vez has hecho un pequeño cambio que causó una gran diferencia? ¿Qué hiciste y cuál fue el efecto?

4. ¿Puedes hacer una lista de diez formas las que tus pensamientos influyen en tus acciones en tu vida cotidiana?

5. ¿Cuál es la mejor pregunta que alguna vez alguien te ha preguntado? ¿Cómo has respondido?

6. ¿Qué te provoca curiosidad? ¿Qué acciones puedes tomar ahora mismo para obtener más información al respecto?

Sopa de Piedra (Cuento popular)

Había una vez un viajero que llegó a un pequeño pueblo, cansado de su largo viaje. No tenía nada para comer y tenía la esperanza de que alguien en el pueblo le diera algo de comer, pero a medida que iba de casa en casa, la respuesta siempre era no.

Sin desanimarse, el viajero se dirigió a la plaza del pueblo, tomó una olla de su bolsa, la llenó de agua, encendió un fuego y dejó caer una piedra en la olla. Un aldeano que pasaba se detuvo y le preguntó qué estaba haciendo, y el viajero le respondió: "Estoy haciendo sopa de piedra". ¿Te gustaría acompañarme?» Intrigado, el aldeano preguntó si algunas zanahorias quedarían bien en la sopa de piedras. "Por supuesto", dijo el viajero. El aldeano ha traído zanahorias de su jardín para añadir a la cocción al vapor. Otros trajeron patatas, champiñones, cebolla, sal, pimienta y maíz y todos fueron a parar en la mezcla. Por último, el viajero quitó la piedra de la olla y declaró: "¡La sopa de piedras está lista!" Y, juntos, todos disfrutaron de un plato abundante de deliciosa sopa.

***Moraleja:** Podemos lograr más como individuos cuando unimos nuestros recursos y trabajamos juntos.*

Acepta el amor

"Tenemos que aprender a amarnos a nosotros mismos primero, en toda nuestra gloria y nuestras imperfecciones." —John Lennon

Es hora otra vez, es hora de mirar hacia atrás y adelante. Me siento muy agradecida por el apoyo que he recibido de amigos y colegas en el pasado; recuerda, recibir apoyo está estrechamente relacionado con extenderlo en el espíritu de servicio. ¡Yo realmente creo en la sabiduría de llevar flores, tanto como creo en la sabiduría de recibirlas con gratitud!

Puedes pensar en la historia del Earl Graves como un ejemplo de "llevar flores" (es un poco extraño, pero no creo que le moleste la comparación), y desde luego, ha sido una experiencia emocionante para mí compartir un escenario con él, ¡pero estaba igualmente feliz de compartir esa experiencia con un montón de otras personas con suerte! El apoyo es una experiencia inherentemente mutua.

Una vez que has encontrado una comunidad de personas de apoyo, ¡las cosas comienzan a calentarse! Eres libre para ser vulnerable y para correr riesgos. Eres también libre para fomentar los talentos de los demás, aceptar regalos de otras personas y mostrarles aprecio. El poder duro de la competencia y del impulso tiene su lugar en la vida y en los negocios; pero el poder blando de la aceptación, de la vulnerabilidad y de pedir ayuda es igualmente poderoso.

Hasta ahora, hemos aprendido que ser verdaderamente significativo se trata de mejorar, poco a poco, día a día. Pero no siempre se puede estar en el asiento del conductor en la vida, y eso es de lo que tratan las siguientes historias.

13

Eligiendo compartir

"Cada persona en esta vida tiene algo que enseñarme - y tan pronto como lo acepte, me abro a escuchar de verdad." —Catalina Doucette

A menudo le digo a la gente que he tenido el beneficio de una vida de lujo.

No el tipo de lujo de fondo fiduciario, de jet-set, de alta costura, sino el lujo de elegir.

He tenido la suerte de ser capaz de enfocarme en el desarrollo de varios negocios, y he dado forma a mi vida de acuerdo con mi propia visión.

Cuando tenía veintitantos años y en la refriega de la gestión de una empresa con un presupuesto muy reducido, a menudo tirando de largos días y de noches aún más largas, a veces sentía como si no hubiera tiempo suficiente en el mundo y como si jamás lo habría. Y sin embargo, un día he decidido dedicar mucho tiempo a un proyecto que no tenía absolutamente nada que ver con mi visión de negocio.

En aquellos días tenía una becaria, Christine, quien me ayudaba con las tareas del día a día. La madre de Christine había sido alumna mía y habíamos trabado una amistad, así es como conocí a Christine.

Después de un prometedor comienzo, de repente la energía de Christine en el trabajo comenzó a menguar. Ella pasó de venir tres días a la semana, a dos días, y de dos a uno, hasta que finalmente estuve realmente preocupada por ella.

Empecé a llamarla con regularidad para asegurarle que era una parte vital y valiosa de mi equipo. Ha sido durante una de esas llamadas que Christine me reveló que estaba embarazada y que su relación se estaba rompiendo en pedazos.

¡Esta nueva información me puso en una posición incómoda porque Christine ni siquiera le había dicho a su propia madre la noticia todavía! Inmediatamente, me he puesto a pensar en invitar a Christine - y a sus otros dos hijos - ¡que vinieran a vivir conmigo! Pude ver que ella necesitaba estabilidad, y que no tenía demasiadas opciones. Pero esto, obviamente, no ha sido una decisión fácil para mí. Después de todo, otras tres personas - y pronto un bebé recién nacido - viviendo en mi casa conmigo iba a cambiar mi vida por completo. Y, hasta entonces, mi vida había estado completamente bajo mi control y de acuerdo a mi horario.

Le he dicho a Christine que viniese.

Por suerte, al ofrecer a esta pequeña familia una estabilidad en mi casa, empecé a encontrar mi propio equilibrio también, y en su cuidado, también he recibido beneficios. Por ejemplo, antes de que Christine y su familia vinieran a vivir conmigo, yo no desayunaba con regularidad, pero esos tres hijos necesitaban un buen comienzo para su día, ¡bueno, vamos a desayunar! Todos los días. De igual modo, Christine no tenía mucho dinero, así que trabajamos para gestionar y poner en común nuestros recursos de la mejor manera posible para mantener los alimentos en la mesa para nosotros cinco. Hemos establecido las rutinas, y sentí un nuevo gozo en estar enfocada hacia el exterior en las necesidades de los demás después de años estando sola.

Me he divertido mucho con los niños, ¡y me quedé sorprendida de lo rápido que apareció mi instinto maternal! Íbamos de excursión todo un día al zoológico, o a recoger fresas en una granja. Traté de exponerlos a cosas que tal vez no hubieran experimentado sin mi influencia, y traté de compartir valores y lecciones útiles que mis padres me enseñaron a mí -

cosas simples como decir "por favor" y "gracias." También me sentí como una hermana mayor para Christine, al ayudarla a superar este gran bache en su camino.

Anteriormente, me había centrado exclusivamente en el desarrollo de mi negocio, con los ojos en un horizonte autodeterminado. Estaba en completo control. Pero al cambiar la velocidad para ayudar a cultivar una familia que me necesitaba, aunque fue una bendición para ellos, para mí fue un verdadero regalo. Ha traído nutrientes de regreso a mi vida, y la alegría de dar y recibir amor, que es la más placentera de las recompensas que existen.

Christine y yo nos hicimos amigas de confianza. Y por mucho tiempo después de que ella se hubiese mudado por su cuenta, ahora fortalecida por el refugio que yo le había proporcionado a su pequeña familia, me gustaba recibir información periódica sobre ella y los niños. Nuestra relación continua siendo una fuente de alegría para mí a través de los años.

Me he dado cuenta de que cuando estás en el camino que te has propuesto, es un buen momento para ser una luz para otra persona que está tratando de encontrar su camino, incluso si necesitas reorganizar tu vida por algún tiempo. La elección de compartir con alguien que necesita lo que tu tienes te puede sacar de la pista por un momento, pero también te puede poner exactamente en el camino correcto como ser humano.

* * * * *

*"Las buenas acciones nos dan fuerza a nosotros mismos
e inspiran buenas acciones a los demás"* —Plato

Cuestiones para discusión.

Ponte en marcha. Anota tus respuestas. Comparte con una amiga.

1. Para mí, es placentero tener opciones. ¿Cuáles son los «placeres» en tu vida?

2. ¿Cuándo has creado opciones para ti misma?

3. ¿Qué estarías dispuesta a sacrificar o poner en riesgo para ayudar a alguien más?

4. ¿Sientes que tienes bastantes opciones disponibles para ti? Lista cinco formas en que podrías actuar ahora mismo para crear más.

5. ¿Cuál es tu visión de tu vida perfecta?

6. ¿Cómo podrías utilizar tu vida perfecta para ayudar a otras personas?

14

Camina conmigo

"Cuando no hay nada seguro, todo es posible." —*Margaret Drabble*

Para aquellas de nosotras que hemos nacido con cuerpos sanos, aprender a caminar es un hito que no recordamos o en el que no pensamos. Damos aquellos primeros pasos inciertos, como bebés vulnerables; alguien toma una foto, y luego caemos en los brazos cuidadosos de un padre o alguna otra persona sonriente que está esperando para agarrarnos. Una vez que nos hemos acostumbrado, caminar no es gran cosa! Es la forma como nosotras nos movemos de aquí para allá; es lo que hacemos en nuestro camino por las cosas más importantes. Nuestro cuerpo nos apoya, y nos movemos hacia adelante, dando por sentada la magia y el poder de dar un solo paso.

En abril de 2005, estaba en medio de algo importante: un programa de Máster en Administración y Negocios por la Eastern University. Una noche, sin embargo; mientras estaba en mi coche enfrente de una cafetería local, recibí la alarmante llamada de mi médico diciendo que la resonancia magnética que me había hecho recientemente mostraba que tenía cáncer de mama, y que el tratamiento recomendado era una mastectomía . Normalmente soy una persona reservada, pero decidí dos cosas estando sentada a solas en aquel coche: no iba a dejar que el cáncer me hiciera descarrilar, y no iba a pasar por aquello sola.

Seguí en mi programa de Máster en Administración de Negocios durante todo el tratamiento; y después de la mastectomía, me dijeron que tenía que hacer quimioterapia. La idea de tomar algo que es básicamente veneno me dio mucho miedo, y sabía que tenía que fortalecer tanto mi mente como mi cuerpo, antes de someterme al tratamiento. Así que, para prepararme física y mentalmente para la quimio, decidí darme un paseo, pero no un simple paseo; me comprometí con Susan G. Komen para el "Maratón para la Cura", un maratón de 95,5 kilómetros durante tres días. Al comprometerme a caminar este maratón, inmediatamente me sentí más fuerte, porque estaba haciendo algo estando enferma, lo que la mayoría de la gente ni pensaría hacer en un estado completamente saludable! Y además de la preparación mental y física que el maratón ofrecía, era también una manera de compartir mi historia con otras personas. Así que empecé a hablar a la gente acerca de mi situación y mi plan para completar la caminata.

Las muestras de apoyo fueron inmediatas. La gente me envió notas y correos electrónicos ofreciéndome palabras de consuelo, y ofreciéndose a financiar mi maratón. Al principio, esta respuesta fue totalmente abrumadora para una persona reservada como yo, pero pronto sentí un profundo sentimiento de gratitud por las muchas personas que estaban tratando de llegar a mí, con palabras de ánimo y amor.

Una de las personas que se acercó, llegó como una verdadera sorpresa para mi.

No conocía a Susy muy bien cuando fuimos estudiantes universitarias en Princeton, pero cuando se enteró de mi cáncer y de mi plan para completar el paseo, ella ha dicho que lo haría conmigo. Y no sólo ha caminado los 95,5 kilómetros enteros conmigo, ¡sino que también ha volado de Minnesota a Philadelphia con otras tres personas que participaron en la caminata de Octubre por solidaridad! Teniendo a Susy allí - esta mujer con quien había ido a la universidad casi veinticinco años atrás- significaba para mí más de lo que jamás podría expresar.

La vida me había dado un duro golpe, pero he decidido que iba a levantarme y caminar de nuevo - literalmente. Y una vez que hice esa determinación, Susy pareció como esa persona que sonríe con los brazos extendidos, diciendo: "sigue caminando, nena, te tengo." El tratamiento del cáncer puede que haya comenzado en el consultorio del doctor, pero la verdadera sanación comenzó con esta caminata y el apoyo de Susy, sus amigos y el resto de las personas que han manifestado solidaridad conmigo.

Nadie aprende a caminar solo, y no importa la edad que tengamos, o cuáles sean nuestras circunstancias, siempre necesitamos a otras personas para caminar por esta vida con nosotros. El contacto humano, el toque personal, y las conexiones sinceras son vitales para nuestro avance, y te podría sorprender las personas que fueron capaces de ayudarte - cuando tienes el coraje de preguntar.

* * * * *

"La vida es 10% de lo que me pasa y 90% de cómo reacciono ante ello." —John Maxwell

Cuestiones para discusión

Ponte en marcha. Anota tus respuestas. Comparte con una amiga.

1. Piensa en un momento en que has superado un gran desafío. ¿Cómo lograste superarlo?

2. Piensa en un momento en el que has sido vulnerable y acudiste a otra persona en busca de ayuda. ¿Cómo te sintió?

3. ¿Quién es la persona con la que te sientes más cercana? Describe la relación.

4. Describe un momento en el que necesitabas sanar. ¿Cómo lo has hech?

5. ¿Qué relaciones tienes que piensas que te están ayudando a cumplir tus objetivos?

6. ¿Qué relación(es) pueden no estar ayudándote a alcanzar tus metas? ¿Qué acciones puedes tomar ahora mismo para cambiar esas relaciones?

15

Surco del Jardín

"La sabiduría y la penetración son el fruto de la experiencia, y no las lecciones de la jubilación y del ocio. Grandes necesidades requieren grandes virtudes". —Abigail Adams

Cuando yo era niña, mi familia tenía un enorme jardín. Todo el mundo tenía que dar una mano, y la responsabilidad de desherbar caía en mis hombros. Al principio, me pareció muy molesto. Percibía el objetivo, pero no podía ver por qué tenía que ser yo a sacar esos infiltrados verdes de la tierra. ¡Era sólo una carga!

Pero lentamente he empezado a enamorarme de todo el proceso mientras observaba de cerca como semillas diminutas -- pedacitos de casi nada - se convierten en cosas que podíamos comer y que podrían respaldar nuestras vidas. De grande, nunca he perdido ese sentido primario de la magia de ayudar a que las cosas crezcan. De hecho, me he vuelto más apasionada por la jardinería a medida que pasaban los años, y tuvo nuevos significados para mí en los últimos años.

Para empezar, mantener un jardín es sensualmente gratificante. Es una recompensa para los sentidos! La sensación de mis dedos en el suelo, el olor de la tierra después de la lluvia, el aroma de tomate y hojas de albahaca, la vista de las delicadas flores de pepino y las flores de la calabaza más contundente --- todo esto y más inundaban en mí en una corriente continua de deleite. Solía podar el jardín escuchando música con los auriculares puestos, pero luego he empezado a apreciar el momento como lo que era: profundo pero simple, ocupado pero tranquilo, y digno de toda mi atención.

Una vez que he aprendido a apreciar esa experiencia, he empezado a notar paralelismos entre la vida cotidiana y la jardinería. Para mí, los conocimientos técnicos que participan en el cultivo de hortalizas, flores y hierbas son muy útiles en la negociación del día a día.

En primer lugar, un buen jardinero es un gran observador. Las plantas son seres vivientes que forman parte de un sistema natural dinámico y fluido, así que es importante prestar mucha atención a los pequeños cambios y realizar ajustes correspondientemente. El proceso implica mucho más que regar una vez al día y esperar un día soleado! Si prestas atención a todos los factores y trabajas duro, las cosas comienzan a crecer en tu jardín; lo mismo ocurre en la vida real. Cuanto más proporcionamos las condiciones en lo que estamos tratando de hacer crecer en correcto equilibrio y medida, mayores resultados positivos cosecharás.

En segundo lugar, compartiendo lo que yo cosecho es un aspecto especialmente bello y útil de la jardinería. Un año, caminaba alrededor de las casas de mis vecinos, regalando canastas llenas de pepinos y calabazas hermosas cultivadas en casa. Es maravilloso ver la cantidad de gente que aprecia algo que tu sembraste o hiciste y luego decidir compartirlos con ellos! El espíritu y el acto de compartir tienen aplicaciones universales y traen recompensas inesperadas tanto para el que da como para el que recibe.

Aún así, todavía estoy absolutamente fascinada con cómo crecen las malas hierbas. A pesar de tus mejores esfuerzos, ¡aparecen de repente donde no las plantaste! Observar las malas hierbas es como ver películas de acción en cámara lenta - conspiran y planean y echan raíces, como si la tierra les perteneciera. Si se ignoran, las malezas toman el control y ahogan las plantas que quieres que crezcan. Como hemos visto hasta ahora en este libro, incluso si eres cuidadosa y atenta con tu jardín, o con las cosas que estás tratando de cosechar en la vida, las malezas seguirán apareciendo, en forma de desafíos inesperados y obstáculos.

Puedes ver las malas hierbas como una molestia, como lo hice yo al principio, o puedes aceptarlas como maestros y como parte integral de todo el proceso, con sus propias lecciones para enseñar. ¡Las malas hierbas son persistentes! ¡Las malas hierbas son oportunistas! Las malezas son increíblemente exitosas, y lo logran con muy poco apoyo. Son auto-didactas. ¿Cómo vas a responder cuando las malezas crezcan en el jardín de tu vida? Puedes optar por responder a las malas hierbas dándote por vencida y dejando que tu jardín crezca de forma silvestre, o puedes mantener tus manos en la tierra y seguir cavando y prestando mucha atención.

Concéntrate en el cultivo de tu jardín, viendo y escuchando todas las señales, hasta que llegue la cosecha que deseas.

* * * * *

"Los que desean cantar, siempre encuentran una canción." —Proverbio sueco

Cuestiones para discusión

Ponte en marcha. Anota tus respuestas. Comparte con una amiga.

1. ¿Cuáles son tus pasatiempos? ¿Te enseñan algo que puedas aplicar a la vida diaria?

2. ¿Qué sientes que debes «cultivar» ahora en el jardín de tu vida? Pensándolo bien, ¿te gusta la "cosecha" que estás "cultivando"?

3. ¿Hay algo o alguien que sea como una «mala hierba» en tu vida, pero que aún podría tener una lección para enseñarte?

4. Describe un momento en el que no prestar atención te haya costado algo. ¿Qué pasó?

5. ¿Qué medidas puedes tomar para convertirte en una persona más paciente?

6. ¿Qué actividades hacen que te sientas tranquila y llena de energía? Pensándolo bien, ¿crees que participas en esas actividades lo suficiente, y de no ser así, ¿por qué no?

La hormiga y el saltamontes (Aesop)

Una hormiga corriendo con agilidad bajo el sol en busca de comida se encontró con una crisálida que estaba muy cerca de su proceso de cambio. La crisálida movió su cola, por lo que ha atraído la atención de la hormiga, quien entonces vio por primera vez que estaba viva. "¡Pobre y lamentable animal!" Exclamó la Hormiga con desdén.

"¡Qué triste destino es el tuyo! Si bien puedo correr de aquí para allá como me plazca y subir al árbol más alto, tú yaces encerrado en tu concha, con sólo la posibilidad de mover una o dos articulaciones de tu cola escamosa. "La crisálida oyó todo esto, pero no intentó dar ninguna respuesta.

Pocos días después, cuando la hormiga pasó por allí de nuevo, no quedaba nada más que la cáscara. Preguntándose que había sido de su contenido, se sintió de pronto ensombrecida y abanicada por las maravillosas alas de una hermosa mariposa. "He aquí en mí", dijo la Mariposa ", ¡tu amigo muy digno de lástima! Jáctate ahora de tu capacidad para correr y trepar, mientras consigas que te escuche." Al decir esto, la Mariposa se elevó en el aire y, revoloteando a lo largo y a lo alto en la brisa de verano, pronto se perdió de la vista de la Hormiga para siempre.

***Moraleja**: Las apariencias engañan.*

¡SÉ SIGNIFICANTE!

"Tienes todo lo necesario para construir algo muchomás grande que tú "-. Seth Godin Estamos cada vez más cerca del final de este libro. Puedes haber notado ahora cómo la vida es, a menudo, paralela a sí misma, y nos pone en situaciones para ver si hemos aprendido nuestras lecciones. Me he enfrentado a varios retos de salud, pero decidí no dejar que me definan. Es posible que te hayas enfrentado a desafíos que pueden cambiar tu vida también, y los mismos tipos de opciones permanecen disponibles para ti. De hecho, la posibilidad de elegir es un lujo con el que la mayoría de nosotros nacemos, pero que muchos de nosotros desperdiciamos. Al igual que la hormiga en el cuento de Esopo, muchas personas no reconocen la mariposa en sí mismas y en los demás, pero cuando sabemos que somos "significativos", podemos transformarnos y alcanzar todo nuestro potencial. ¡Podemos elegir volar!

Eso es lo que significa para mí amar la vida; significa reconocer que cada una de nuestras opciones es una especie de semilla a partir de la cual nuestra vida futura crecerá. Significa prestar atención a aquello que se encuentra a nuestro alrededor y trabajar con ello, porque incluso cuando estamos frente a un jardín lleno de maleza, todavía podemos sentirnos confiados de que podemos cultivar una cosecha deseable. A lo largo de este libro, te he alentado a considerar tu propia historia y tus propias decisiones. Pregúntate a ti misma: ¿Qué tipo de vida estás cultivando actualmente?

Las historias de la sección siguiente son muy simples. Tienen que ver con las veces que he tratado de llevar mi reconocimiento por el don de la vida, transformarlo en una fuerza para crear la mejor realidad posible para mí y para los demás y, al hacerlo, tomar vuelo y demostrar mi verdadero significado.

16

Piensa: PBA

"Es tu lugar en el mundo, es tu vida. Sigue y haz todo lo que puedas con ella, y hazla la vida que quieres vivir" —Mae Jemison

La experiencia es una maestra cara. La ventaja es que una vez que aprendes algo a través de la experiencia, realmente lo sabrás. Sabes lo que funciona, y sabes lo que no, porque has estado en ambos lados. Pero el inconveniente es que la experiencia puede ser una maestra lenta. Tocas aquí, pinchas allá, y, finalmente, encuentras una solución. Como una empresaria serial con más de treinta años de experiencia en los negocios, incluyendo siete posiciones en empresas nacionales e internacionales en cuatro sectores diferentes, he observado un patrón de comportamiento en mí misma y en otros que he sistematizado en tres grupos: los pasión-istas, buscador -istas, y acción-istas.

Déjame decirte acerca de los "pasión-istas" primero. Son del tipo "yo primero". Son los que tienen que seguir una idea absolutamente, positivamente, porque les encanta, porque es su pasión. Y eso es genial! La pasión es poderosa. Pero a menos que la pasión se dirija hacia un problema real, a menos que haya una visión que conecte esa pasión a un propósito en el mundo real, probablemente no se convertirá en nada. Lo sé porque yo fui una pasión-ista!

Un número de años atrás, impulsada por una visión de una huerta de vegetales generosa, me comporté como una clásica pasión-ista. Estaba absolutamente al vapor con una visión de meses de verduras frescas de cosecha propia, por lo que ningún gasto parecía irracional para mi nuevo jardín de contenedor exterior. Vagué en la sección de jardinería de mi tienda de conveniencia con un carrito vacío y lo empecé a llenar con productos como un niño sin supervisión en una juguetería. He comprado una tonelada de chucherías. De verdad? Inclusive he pedido huevecillos de gusano. Si, lo he echo. ¡Me gasté más de 450 dólares en suministros de jardinería en un solo día!

Pero, mientras tenía la visión y la pasión para ponerme a ello, me faltaba un verdadero plan y un proceso. No había creado el plano del jardín, tampoco pensé que alguien pudiera cuidar de mi paraíso vegetal cuando yo estuviera fuera de la ciudad, ¡Y tampoco había hecho un presupuesto! Lo que es peor, después de levantar todas esas bolsas de 20 libras (9.09 kgs) de tierra varias veces y pasar todas las mañanas empapada de rocío en el jardín; ¡He tenido dolores musculares y picaduras de insectos por todo mi cuerpo, y estaba completamente agotada de levantarme todos los días antes del amanecer para trabajar en mi "paraíso"! De alguna manera, ya no tenía más ganas de seguir con el proyecto.

¡Así que sé desde la dura experiencia lo que es ser una «pasionista»! Es cierto que la pasión es la chispa, y hay un gran poder en la gente que está tan enamorada de algo que se lanzan a ello completamente con todo lo que tengan. Pero el equilibrio es la clave.

Lo que me lleva al segundo tipo de persona. Yo los llamo los "buscadoristas". Estas personas son apasionadas, pero que saben que necesitan ayuda o más información, y la buscan activamente. No sólo no dejan piedras sin mover, ¡sino que también cavan debajo de las piedras! Muy a menudo este tipo de persona descubre información útil y estrategias en su búsqueda que transforma su pasión en un concepto enfocado.

Después de decidir que quería proseguir un título de Máster en Administración de Negocios, me centré en la investigación. Investigué

20 escuelas, y entrevisté a 10 ex alumnos y alumnos actuales de esas instituciones basándome en mis conexiones. Asistí a eventos escolares y hablé con reclutadores. Y, por supuesto, he desarrollado una matriz de los cursos, la matrícula y profesores, ¡prácticamente reescribiendo la guía de los programas del Máster en Administración de Negocios durante el proceso! De alguna manera, mi búsqueda intensiva y investigación continua fue una pérdida de tiempo. En mi entusiasmo por hacer que todo pasara por mi propio filtro, estaba ciega por el valor de los recursos que ya estaban disponibles. ¡Yo era una terca "buscador-ista", y tuve que hacerlo a mi manera! Por otro lado, he encontrado exactamente el programa adecuado para mí. Yo era parte de una comunidad de adultos que estaban aprendiendo y aplicando al mismo tiempo el conocimiento del negocio. Me encantó la gente que conocí, y ¡deseaba que llegara la noche del jueves para poder ir a clase!

La experiencia de búsqueda de escuelas ha funcionado; pero mis experiencias como "buscador-ista" no siempre han terminado bien, y mi viaje por la vida también ha habido un montón de veces en las que podría haber buscado ayuda y no lo he hecho. En el 10º grado, yo tenía dos años menos que los demás y estaba segura que podría conseguir las mejores calificaciones - todo por mí misma. Era, supongo, un motivo de orgullo para mí alcanzar el éxito sin ayuda. Un día, una amable profesora que sabía que estaba teniendo apuros con la Química me ha dicho, "Frances, tienes que aprender a pedir ayuda". Bueno, me llevó un tiempo aprender esa lección, pero ahora sé que aunque tener la pasión por la búsqueda de experiencias es algo poderoso, igualmente poderoso es buscar el apoyo y la información que te permita conseguir los mejores resultados, rápidamente.

Por último, vamos a hablar sobre el tercer tipo de persona, al que yo llamo la "acción-ista". Probablemente has adivinado correctamente que este tipo de personas tiene pasión, sí, pero prefieren principalmente pasar a la acción. Las propensas a la acción han sido bendecidas con valor, ¡pero se arriesgan a caer en agua hirviendo y quemarse, si no miran antes de saltar! He tenido muchas experiencias en mi etapa como entrenadora de negocios intentando reparar las consecuencias de los actos de estas propensas a la acción que no miran antes de saltar! Algunos han firmado contratos de arrendamiento a largo plazo y gastado miles de dólares en mejoras como por ejemplo la instalación de luminarias y la anulación de paredes, sin solicitar con anterioridad la aprobación de las juntas comunitarias y los departamentos de licencias y inspección. ¿El resultado? Pérdidas financieras, estrés emocional, mala reputación y posibilidades de crédito dañadas. A veces arremeter en la batalla es necesario, pero es bueno tener un plan primero.

Muchas de las historias que comparto en este libro tratan de mi evolución como una persona que combina estas tres personalidades de una manera creativa. ¿Recordáis mi fiesta de planificación de negocio que llevé a cabo con un presupuesto ajustado mientras estaba en la universidad? Eso estuvo impulsado por mi pasión por ser curiosa; escuchar y hacer preguntas. Y ya que me encanta resolver problemas y conectar los puntos, he buscado maneras de encontrar recursos humanos (estudiantes universitarios que deseaban trabajar, y clientes que necesitaban servicios de camarera y barman). Pasé a la acción mediante la publicación de folletos, averiguando lo que podría motivar a un estudiante para que se comprometiera a trabajar para mí, y el uso del análisis de los costos, la logística, el marketing y la nómina para crear un negocio.

Una cosa que sé con certeza: nadie lo consigue estando solo. El espíritu empresarial no es un deporte individual, y encontrarás gente en el camino, que te ayudará en el viaje y se unirá a tu equipo. Mi pasión por el aprendizaje y el intercambio de conocimiento, me ha dado la oportunidad de encontrar personas con intereses similares, conocimientos complementarios y experiencia probada. He actuado. Por supuesto, no todas las situaciones han salido como yo soñaba. Pero hoy, como presidenta de Significant Business

Results LLC, tengo una carrera enormemente gratificante entrenando a empresarios para lograr un mayor éxito en sus negocios.

Cualquiera de estas personalidades emprendedoras de las que he hablado aquí puede alcanzar metas, ya que cada una de ellas está profundamente comprometida con la vida. Pero juntas, estas tres personalidades son el camino más seguro hacia el éxito. Se trata de conocerte a ti misma y de saber cuál es realmente tu personalidad. ¿Por qué? Porque cuando tienes este conocimiento de ti misma, puedes encontrar a la gente y el apoyo que necesitas para lograr el éxito que deseas. La oruga debe romper su capullo para finalmente, ¡convertirse en la mariposa que toma vuelo!

¿Cómo puedes recordar la secuencia correcta? Piensa: PBA. No, no es un anuncio de servicio público, sino Pasión, luego Búsqueda, y finalmente, Acción. Sin este equilibrio y orden de acontecimientos, puedes quedarte atascada fácilmente en cualquier aventura en la que te embarques. Sin embargo, obedeciendo el orden natural y rodeándote de personas que complementen tus fortalezas, ¡te convertirás en la mariposa que sueñas ser!

* * * * *

"Haz lo que puedas, con lo que tengas, estés donde estés". —Teddy Roosevelt

Cuestiones para discusión.

Ponte en marcha. Anota tus respuestas. Comparte con un amiga.

1. Piensa en un momento en el que te apasionaba algo. ¿Cuál era, y qué pasó?

2. Piensa en un momento en el que buscaste a una persona o servicio para complementar tus puntos fuertes. ¿Qué pasó?

3. Piensa en la vez que te pusiste a realizar aquello que te apasionaba. ¿Funcionó? ¿Qué pasó?

4. ¿Qué es lo que más te apasiona en este momento?

5. ¿Qué o a quién necesitas buscar para ayudar a que tu pasión se active?

6. ¿Puedes enumerar tres acciones específicas que puedes tomar ahora mismo para convertir tu pasión en una empresa?

7. Después de reflexionar, ¿Cuál de las personalidades ("apasionad-ista", "buscador-ista", "acción-ista") crees que es la tuya por defecto? Explícalo en detalle.

17

Educando a (Mi) Bebé

"Amar a un bebé es un negocio circular, una especie de circuito de retroalimentación. Cuanto más das, más recibes; y cuanto más recibes, más sentirás que estás dando." —Penélope Leach

Todos vivimos en tres mundos a la vez: el mundo del yo, el mundo de la familia, y el mundo de la comunidad. Dependiendo de las prioridades de una persona, el enfoque puede estar en uno o en todos estos mundos en un momento dado. Esto es importante, porque con lo que uno se comprometa va a determinar dónde se centrará su pasión, su atención y su energía.

A lo largo de mi vida y mi carrera, he tomado decisiones impulsada por mi pasión de crear grandes empresas, y he desarrollado un profundo sentido del compromiso, basada en mis experiencias familiares tempranas, especialmente aquellas con mi madre.

Mi madre ha trabajado duro para alimentarme a mí y a mis hermanas y proporcionarnos la mejor vida posible. Su idea de crianza incluía asegurarse de que recibiéramos una buena educación, y que tuviéramos claro lo que esperaban de nosotras, tanto nuestra familia como nuestra comunidad. De esa manera, nosotras entendimos "las reglas", podríamos anticipar los resultados de nuestras acciones, y aprender a tomar decisiones sabias.

Tanto mi madre como mi padre fueron pioneros, ya que ambos fueron a la universidad de medicina, en una época en la que pocos negros lo hacían. Esto ha requerido un tremendo coraje y auto-disciplina por su parte. Y cuando nuestra familia se ha mudado a la periferia en la década del 70, a pesar de que yo era muy joven, me he dado cuenta de que mis padres temían algunas reacciones negativas porque eran negros y estaban uniéndose a una comunidad acomodada de clase media, donde pocas familias negras se habían asentado hasta el momento. A pesar de que era una chica muy joven, recuerdo que a veces sentía una cierta ansiedad respecto a cruces en llamas y por la integridad física de mi familia; así que cuando el comité de bienvenida llegó a la puerta de la nueva casa, me he sentado en silencio al final de las escaleras preguntándome si mi madre estaba dudando en abrir la puerta porque compartía mi callada ansiedad. Pero a pesar de este trasfondo de "otredad" social, nuestra madre siempre hizo lo imposible para asegurarse de que nosotros, las niñas, supiéramos que nuestra seguridad y nuestro desarrollo personal y intelectual eran sus prioridades principales; y como resultado, mis hermanas y yo crecimos con un sentimiento de seguridad y bienestar.

He llevado el profundo sentimiento de responsabilidad personal de mi madre hasta mi vida profesional; siempre he sentido que en un día de 24 horas, utilizaré todo el tiempo que sea necesario para hacer lo mejor y así proteger y promover mi negocio.

Así, mientras que algunas personas tratan de llegar a ser virtuosos musicales, autoridades intelectuales o cónyuges y padres estelares, yo siempre he tratado de convertirme en la mejor empresaria que podría llegar a ser, y mi negocio siempre ha recibido de mí el mismo cuidado afectuoso que mi madre nos dio a mí y a mis hermanas. Pero a diferencia de mi madre, yo no elegí el camino de tener hijos, aunque sin duda es posible hacerlo y aún así tener una exitosa carrera empresarial! Dicho esto, para mí, el cumplimiento ha venido principalmente de desarrollar un negocio sano, y siempre ha requerido de mí el mismo sentido de la disciplina, el liderazgo, la valentía, la claridad y, sí, el amor que un niño recibe de una madre. Mi negocio es mi bebé.

Warren Buffet ha dicho la famosa frase, "No se puede producir un bebé en un mes teniendo nueve mujeres embarazadas. " Esa es otra manera de decir que, al igual que los niños, las empresas necesitan tiempo para crecer y pasan por etapas predeterminadas. Mi "bebé" ha tenido que recibir las vacunas (planes de negocio), las visitas al médico (al contador, abogado, agente de seguros, y el banquero), y la escolarización (en la Escuela de Negocios, o con un entrenador de negocios). Y como una "madre de negocio", he pasado noches en vela preguntándome dónde iba a venir mi próximo cliente o mi próxima línea de crédito para poder alimentar a mi "bebé". Por otra parte, al igual que como a un niño, la forma en la que cuidas de un negocio en los primeros años de su vida va a determinar si prospera y crece o no. Y una vez, casi perdí a mi "bebé".

¿Recuerdan mi contrato con la ciudad de Pittsburgh para entrenar a los empleados municipales en habilidades de software? Bueno, los términos que yo había aceptado que especificaban que iba a prestar el servicio primero, y recibir el pago 120 días más tarde, lo que no es inusual en los contratos de la Ciudad. Con una nómina de 500 dólares por semana y aproximadamente seis semanas antes de que llegara el primer pago, significaba tener un mínimo de 8.000 dólares en reserva, más un amortiguador para los impuestos de 2,000 dólares! Suma el alquiler, los servicios públicos, los materiales escolares, el papel para la impresora, los libros para los alumnos, y la verdad es que realmente necesitaba un importe adicional de 10.000 dólares en reserva. Si haces las cuentas, verás que suma una reserva de 20.000 dólares!

Desde el principio, sabía que iba a estar muy apretada de dinero. Pero fue incluso más apretado cuando el cheque de la Ciudad no llegó a tiempo! Sin cheque, sin dinero para el servicio eléctrico y sin nómina. Sin nómina, sin empleados, y sin entrenamientos! Sin entrenamientos, no hay negocio. Mi "empresa bebé" iba a morir de hambre si yo no hacía algo - y rápido. Por desgracia, yo no tenía una buena relación de trabajo con un banco para poder conseguir una línea de crédito o un préstamo. Y cuando hice una lista de todas las cosas que poseía que podría vender por dinero en efectivo, resultó ser una lista decepcionantemente corta. En mi desesperación, yo fui a mis padres a ver si podían darme un préstamo a corto plazo, y me han dicho que no. "Ha sido tu decisión entrar en este negocio", me dijo mi madre, "ahora tendrás que lidiar con eso. " Avergonzada, me dirigí a mis empleados y les avisé que podría ser que no pudiera pagarles el próximo sueldo. Las cosas se presentaban bastante sombrías.

Determinada a salvar a mi negocio, he decidido crear un nuevo plan en el cual detallé cómo iba a manejar las finanzas de la empresa en el futuro. Hice proyecciones semanales, mensuales y trimestrales comparando los ingresos con los gastos. Presenté este nuevo plan a mis padres, mostrándoles los fondos con los que iba a devolverles el préstamo, y amablemente me prestaron el dinero. Pagué las nóminas (apenas), pero sufría por haber tenido que admitir la instabilidad de la situación a las personas que contaban conmigo, y tenían hijos, niños (de carne y hueso) en la casa que tenían que alimentar. Estaba avergonzada, frustrada y enfurecida conmigo misma, porque había puesto a mi "bebé" y a otras personas en peligro.

¡Gracias a Dios para todos nosotros, mi «negocio bebé» logró sobrevivir! Sin embargo, una gran cantidad de empresas no sobreviven más allá de los 5 primeros años. Según la Administración de Empresas Pequeñas de EE.UU., más del 50% de las pequeñas empresas fracasan en los primeros cinco años por una variedad de causas, entre ellas la falta de experiencia (verificar), acuerdos de crédito desfavorables (verificar), capitales insuficientes (verificar), y una variedad de otras buenas (y predecibles) razones. Pero aprendí mi lección, y he tomado las medidas necesarias para poder dar a mi « empresa bebé» un lugar seguro donde crecer. Había recibido algunos golpes en mi ego, pero aprendí que no estaba sola, y quizás lo más importante, aprendí que estaba dispuesta a hacer lo que fuera para asegurar que mi negocio no sólo sobreviviera, sino que además, prosperara.

Hay dificultades que vienen con el empezar su propio negocio. Pero de todas las veces que lo hice, he aprendido, he desarrollado más herramientas, y las cosas se volvieron un poco más fáciles. En última instancia, la elección de lo que se quiere fomentar en la vida es una decisión personal, pero si se trata de un "empresa bebé", un niño o alguna otra cosa delicada, es imperativo crear un lugar seguro para que crezca. Es maravilloso que cada uno de nosotras tenga la capacidad de elegir, y dar la vida por todo lo que tiene.

* * * * *

"Un hombre sabio creará más oportunidades de las que encuentre." —Sir Francis Bacon

Cuestiones para discussion

Ponte en marcha. Anota tus respuestas. Comparte con un amiga.

1. ¿Qué cultivas en tu vida? ¿Por qué has tomado esa decisión?

2. ¿Cuándo has fallado en proporcionar un entorno seguro para algo en lo que te gustaría prosperar? ¿Qué pasó?

3. ¿Cómo podrías, en este momento, crear un entorno más seguro para consolidar lo que es más importante para ti?

4. ¿Cuáles son tus tres principales prioridades en la vida?

5. ¿Cómo puedes mejorar tu trabajo para respetar esas prioridades?

6. Si tuvieras una varita mágica y pudieras cambiar una cosa en el mundo, ¿qué sería? ¿Por qué?

18

¿Puedes oírme ahora?

"La manera más común como las personas renuncian a su poder es pensando que no tienen ninguno." —Alice Walker

Al principio de mi carrera en los negocios, yo tendía a hablar en una reunión para sugerir una idea y luego no obtenía respuesta alguna - como si lo que he dicho no había sido escuchado por nadie en absoluto. Entonces, a menudo, alguien haría exactamente la misma sugerencia y seria recibido con una aceptación estruendosa --especialmente si ese alguien resultaba ser un hombre! La primera vez que eso ha sucedido me tomé un momento para revisar conmigo misma. ¿Estaba siendo demasiado sensible? ¿Estaba superándolo? Después de que sucedió en varias ocasiones, yo sabía que no estaba imaginando cosas.

Yo lo llamo al fenómeno de hablar, ser ignorada y tener tu idea malversada el efecto "tú me oyes ahora". La América Corporativa ha logrado algunos avances en este sentido, pero tiene un largo camino por recorrer, y hoy en día, las mujeres y la gente de color enfrentan retos en el lugar de trabajo que otros simplemente no tienen que pensar. He compartido este único ejemplo, pero hay muchos. Estoy segura de que mi género, mi origen étnico y probablemente mi corta edad eran una parte de la razón por la que la gente entonces no me "escuchaba".

Pero creo que mi experiencia de no ser escuchada también estaba conectada a algo aún más básico: el poder y la percepción. Al principio, me sentí horrorizada y sofocada cuando la gente no me prestaba atención. Yo tenía un historial de trabajo de calidad y un excelente rendimiento, yo sabía que mis ideas eran valiosas, y que yo era capaz de demostrar ese valor. Pero en ese contexto particular, la gente no me percibía como una líder, a pesar de la imagen que tenía de mí misma. Y si el poder es algo, es un juego de percepción. Rápidamente aprendí el valor de la comprensión y la participación en dinámicas de equipo. Así que he empezado a asistir a la "reunión antes de la reunión," la sesión informal donde las personas se reunían como iguales antes del teatro formal de la reunión. Me gustaría compartir mis ideas allí, y cuando subían en el contexto de la reunión, tendía a secundarlos y de esa manera tuve la oportunidad de, al menos, hacer que yo misma y mis ideas se escucharan un poco más.

Esta estrategia ha funcionado bien para convalidar a los demás y para hacerlos sentir cómodos a mi alrededor, pero no fue un plan que me hizo del todo feliz. Yo no había cambiado el equilibrio de poder exitosamente, sólo había modulado sus efectos en mí y los demás. En retrospectiva, me doy cuenta de que podría haber buscado pares en puestos similares en otras empresas por lo que nos podríamos haber apoyado mutuamente, desarrollado más estrategias, reportado uno a uno de nuestros progresos.

Yo podría haberme conectado.

Aparte de la percepción, la otra gran parte del poder es la preparación. Eso incluye las habilidades difíciles tales como tomar notas en las reuniones y utilizarlas en conversaciones posteriores, o el desarrollo de técnicas agudas de negociación. Pero también incluye el desarrollo consciente de una sensación de bienestar y confianza al participar deliberadamente en las comunidades y redes de personas que aprecian, animan y premian tu talento y tu desempeño. Hoy en día, hay un montón de recursos como leanin.org que crean este ambiente, y proporcionan una comunidad casi "predefinida" para las mujeres en los negocios. Cuando he empezado, la creación de redes de esta manera era mucho más difícil!

Finalmente, decidí que la "batalla de la influencia" era una que no valía la pena luchar - no en el contexto empresarial, donde las reglas fueron hechas por otra persona y están sujetas a cambios sin advertencia. He empezado a buscar espacios fuera del lugar de trabajo, a menudo como una empresaria, en los que pudiera sobresalir, ser valorada por mi voz y mis ideas, y donde me pagaban bien por hablar!

Al ponerme constantemente a mí misma en situaciones en las que me apreciaran y compensaran, he construido mi propio negocio y más importante aún, he creado un círculo de influencia que alcanza mucho más que una sola sala de juntas.

Como entrenadora de negocios, ahora trabajo con empresarios que están en condiciones de desafiar la estructura de poder de la élite exclusiva que ahoga y restringe cualquier persona que no es miembro del club "(in) terior". Juntos, continuamos creando nuestra propia estructura de poder inclusivo, y nuestra propia influencia dinámica en el mundo. Continuamos dando forma al panorama de los negocios, respondiendo unos a otros, y recompensándonos. Y en la medida que tengamos éxito en nuestros campos individuales de esfuerzo, seguimos pidiendo a aquellos cuyo objetivo es mantener una apretura estrecha en el poder, "¿Puedes oírme ahora?

* * * * *

"No te preocupes si no es reconocido, pero pugna para que seas digno de reconocimiento." —Abraham Lincoln

Cuestiones para discusión

Ponte en marcha. Anota tus respuestas. Comparte con una amiga.

1. ¿Qué significa el poder para ti?

2. ¿Qué tipo de poder sientes que posees?

3. Describe un momento en que te has sentido como una extraña. ¿Específicamente qué hacen otras personas para que te sientas de esa manera? ¿Cómo has respondido?

4. ¿Cuándo te sientes más segura? ¿Con menos confianza?

5. Piensa en una situación en la que te sentías (o sientes) débil, ineficaz o totalmente impotente. ¿Quién puede ayudarte a lograr un mayor poder? ¿Qué estrategias puedes utilizar?

19
La mujer invisible

"La forma más básica y poderosa para conectarse a otra persona es escuchar. Simplemente escuchar. Quizás la cosa más importante que podemos dar unos a otros es nuestra atención" —Rachel Naomi Remen

En el último capítulo, hablamos de cómo no ser percibida como parte del grupo "interior" puede ser una experiencia frustrante, incluso si encuentras maneras de manejar la resistencia y conseguir entrar en tus dos centavos. Para muchos de nosotros que hemos sido percibidos como "forasteros" por aquellos en el poder, la mejor ruta ha sido desarrollar activamente nuestras propias redes de apoyo y encontrar validación afuera de la estructura de poder tradicional. Después de todo, sólo porque las hormigas alrededor tuyo no pueden ver que eres una mariposa no significa que no seas una! Pero puede ser que tengas que pasar primero por algunas experiencias difíciles para ganar tus alas y probarlo a otros -, así como a ti mismo - que realmente puedes volar.

Desarrollar estrategias para conseguir que tus ideas sean escuchadas por otros más arriba en la cadena alimentaria organizacional es importante. Pero ¿qué pasa con la otra cara de la moneda? Que tal aprender a manejar tu propio poder estratégico, y ser consciente de los efectos, algunas veces intimidantes, que puedes tener en los demás? Reconocer tu poder y al mismo tiempo ser sensible al efecto que tiene sobre otras personas es una lección muy importante para aprender, porque en esta vida ser reconocido no es lo único que cuenta, sino también inclinarse a escuchar realmente a otras personas.

Los entrenadores de negocios como yo somos oyentes y observadores profesionales, cajas de resonancia que ayudan a los empresarios a ver lo que sienten, escuchar lo que dicen, y prestar mucha atención a lo que sus instintos les están diciendo. Lo que yo hago requiere mucha capacitación y habilidad, y mis honorarios profesionales son iguales a las de un abogado o contador. ¿Por qué estoy compartiendo esto contigo? Porque quiero enfatizar en que, como los abogados y contadores, y dado mi horario exigente, he limitado tiempo para ofrecer voluntariamente mis servicios profesionales. Pero ahora voy a decirte acerca de cómo una vez extendí mi mano para ayudar a alguien, y fui mordida en el proceso!

En mi trabajo como profesora universitaria adjunta, traigo oradores invitados a mis clases, animo a mis estudiantes a perseguir sus sueños empresariales, y los hago responsables para tomar medidas significativas. Uno de estos estudiantes era una mujer joven y brillante, y cuando buscó mi consejo acerca de si su idea de organización sin fines de lucro tenía "piernas" o no, yo estuve interesada. Su pasión era crear una organización para ayudar a empoderar a las mujeres a creer en sí mismas, defenderse, negociar y ser reconocidas sustancialmente por sus contribuciones. Debido a que su sueño era algo en lo que yo también creía, decidí ofrecerme como consultora para ayudarla a desarrollar su concepto y lograr su misión organizacional de la forma en que ella la había imaginado. Ella estaba encantada de tenerme a bordo.

Adelanta unos meses, y yo ya estaba trabajando como voluntaria muchas horas en sesiones de planificación, comunicaciones por correo electrónico, dando asesoramiento y experiencia, creando bases de datos, y sugiriendo formas de medir los resultados. Incluso he viajado desde Filadelfia a Nueva York para apoyar a su primer evento de voluntariado, y me sentí feliz de hacerlo. Ella se sentía feliz, también, porque su proyecto fue pasando de un sueño a realidad, y incluso ganando reconocimiento a nivel internacional!

Al hablar sobre los próximos pasos, he empezado a compartir la forma en que me gustaría ver mi cambio de papel de voluntaria por consultora pagada a medida que su organización crecía. He sugerido escenarios potenciales sobre como podíamos reorganizar nuestros roles para centrarnos en nuestras fortalezas individuales, y como podríamos crear una estructura de tarifas con las que podría vivir. Después de todo, como oradora principal que gana regularmente hasta 10,000 dólares por presentación, estaba familiarizada con el proceso! Y aunque me he dado cuenta de que todavía no estábamos en el escenario para hacer los honorarios posibles, me sentí cómoda al ser auténtica y sincera con ella.

Aquí es donde ocurrió la desconexión, aunque no lo vi en ese momento. Yo estaba hablando de un proyecto con todos los requisitos profesionales habituales, prestaciones y honorarios, pero ella sólo podía ver que su "bebé" era todavía joven, y la idea de perseguir agresivamente proyectos basados en honorarios como yo sugería ha sido muy "de negocios" y amenazante para ella. No estábamos en la misma página.

Pero, como un toro en tienda de porcelana, sigo cargando hacia adelante! He visto más clientes, más ingresos, más ganancias, y con mi piel gruesa, cuernos afilados y cabeza en el suelo, no vi lo aterrorizada que ella estaba ante el sonido de mis herraduras! Seguí insistiendo, incluso cuando sus correos electrónicos comenzaron a cambiar de tono y contenido. Entonces, un día, ella me llamó por teléfono para decirme que había llegado el momento de "aclarar nuestros roles" en relación con la organización, y aunque yo estaba de acuerdo con que la aclaración era una buena idea, aún no estaba captando el mensaje! Ahora sé que ésta era su forma velada de pedirme que retrocediera, porque aunque mis ideas eran buenas y venían de años de éxito en el ámbito empresarial, se sintió dominada por mí y mis ideas. Ella dejó de solicitar consejo, y en lugar presentaba solicitudes para frases. Las cosas se estaban poniendo raras. Pero cuando he expresado mi preocupación por este cambio de tono, ella se quedó en silencio.

Por último, esta incómoda situación ha dado un giro decisivo. Recibí una invitación de último minuto a un evento de voluntariado de alto perfil para su organización, al que asistí. El evento fue fenomenal, bien organizado y un verdadero testimonio de la organizadora talentosa en la que ella se había convertido. He participado de una sesión de fotos sólo para invitados en el evento. Pero cuando la foto fue publicada, para mi gran sorpresa había sido borrada con Photoshop de la imagen! Me había convertido en la mujer invisible.

Para mí, eso fue el colmo. Estaba furiosa por haber sido tratada de esa manera desconsiderada y pasiva-agresiva, después de todos mis esfuerzos para traer claridad, enfoque y estructura a su trabajo. Después de todo, la gente me paga buen dinero para hacer lo que había estado haciendo por ella de forma gratuita! ¿Cómo se atreve a tratarme de esa manera! Al igual que el lobo en la historia de los tres cerditos, estaba listo para soplar y resoplar y derribar toda la casa. Pero después de reflexionar, me he dado cuenta de algo muy, muy importante: Esta no era una casa hecha de palos, o paja, o incluso ladrillos. De hecho, no era mi casa en absoluto! En mi entusiasmo por llevar mi ética de negocios hacia su proyecto, no había respetado el hecho central de que era su organización para dirigir a su antojo. No había estado escuchando con atención las varias formas sutiles y no tan sutiles en las que ella había tratado de pedirme que dejara de dominarla.

Habiendo fallado en "escucharla", ella también había fallado en ser directa conmigo y decirme que necesitaba espacio para que pudiera asumir su lugar legítimo en el centro de su proyecto. Pero no todo el mundo es capaz de enfrentar el conflicto cara a cara, y pocas personas lo disfrutan. He descubierto en mi vida que las conversaciones difíciles no mejoran a medida que envejecen, y como bolas de polvo o moho, los conflictos se hacen más grandes cuanto mas tiempo evitas encararlos. Mi conflicto con la compañera empresaria era un ejemplo perfecto de esto.

A este punto ya sabes que aprendo mucho de mi jardín, así que déjame compartir una lección de jardinería contigo ahora. A algunas personas les gusta comprar sus plantas de tomate pre-germinadas en macetas, pero a mi me gusta comenzar desde la semilla para que pueda observar todo el ciclo, desde la semilla seca hasta una planta floreciente que produce tomates deliciosos y jugosos. Cuando comienzas a plantar tomates desde que son semilla, tienes que incubarlos bajo luces calientes para conseguir que esas semillas se despierten. Entonces, un día esos diminutos cotiledones, esas importantísimas primeras hojas embrionarias de la nueva planta, asoman sus pequeñas cabezas fuera de la tierra. Esas primeras hojas están atrayendo energía, ambos de la semilla misma y de la nueva energía de la luz caliente sobre ellas. Pero una vez que las pequeñas plantas desarrollan hojas verdaderas que pueden realizar la fotosíntesis, debes moverlas lejos de las luces calientes de crecimiento, porque si no lo haces, la planta no va a desarrollar un tallo fuerte por su cuenta. Cero tomates jugosos.

En algún punto de su desarrollo como líder, mi compañera emprendedora debe haber sentido que para poder crecer su propio "tronco" tenía que alejarse de mí, la "luz caliente". ¿Habría preferido que ella me hubiera hablado directamente en lugar de simplemente borrarme de una fotografía de grupo? ¡Por supuesto! Pero había cometido un error al no escuchar sus llamadas indirectas de ayuda - así que me hizo "desaparecer"! Es una buena idea aprender a ser sensible a lo que otras personas realmente quieren y al lenguaje que utilizan para expresar esas necesidades: si no lo haces, corres el riesgo de que tu contribución sea menospreciada, y en estos días de redes sociales de comunicación, los conflictos pueden llegar a amplificarse digitalmente muy rápido!

Convertirme en la "mujer invisible" fue para mí una experiencia de aprendizaje muy dolorosa. Sin embargo, yo era capaz de ayudar a una compañera empresaria a aclarar su propio papel de liderazgo dentro de su organización, establecer límites y aprender a tomar decisiones sobre el tipo de apoyo que quería y de quién quería obtenerlo. Y he aprendido que en los esfuerzos de uno para ser escuchado, siempre es una buena idea recordar cómo escuchar.

* * * * *

"El coraje es lo que se necesita para levantarse y hablar; coraje es también lo que se necesita para sentarse y escuchar." —Winston Churchill

Cuestiones para discussion

Ponte en marcha. Anota tus respuestas. Comparte con una amiga.

1. Describe un momento en el que fuiste una buena oyente. ¿Qué pasó? ¿Cómo fuiste eficaz como oyente? ¿Qué comentarios recibiste para validar que eras una buena oyente?

2. Describe un momento en el que obviaste las señales que llevaron a la falta de comunicación, poniendo en peligro una relación. ¿Cómo obviaste las señales? ¿Qué lecciones has aprendido de esa situación?

3. ¿Cuándo has recibido un mensaje de forma indirecta? ¿Por qué crees que el mensaje ha sido entregado indirectamente? ¿Cómo sabes si interpretaste el mensaje de forma correcta o incorrecta?

4. ¿Cuándo has entregado un mensaje a otra persona indirectamente? ¿Había una razón por la que elegiste ser indirecta? ¿Crees que en retrospectiva ha sido una buena decisión o mala, y por qué?

5. Describe un momento en que te sentiste como si otra persona te estuviera haciendo sentir "invisible". ¿Qué has hecho al respecto?

6. ¿Qué puedes hacer ahora mismo para escuchar mejor a otras personas?

20

Té, alguien?

"No se puede derrochar la creatividad de uno.
Cuanto más se la utiliza, más se la adquiere." —Maya Angelou

A veces, la simplicidad es la semilla de lo sublime. He aprendido a apreciar las cosas sencillas de la vida, porque hubo un tiempo en que tuve que prescindir de ellas. Durante un breve período, era incapaz de elegir adónde iba y cuándo, o qué ropa me pondría. Incluso fui privada del simples placer de atar mis zapatos.

Tras tener un ataque paralítico, tuve que trabajar duro para finalmente recuperar un poco de libertad de movimiento, pero eso fue sólo el comienzo.

También tuve que hacer la terapia física, la cual es un proceso notoriamente difícil y potencialmente desalentador. Pero cuando he empezado mi recuperación, decidí que iba a tomar el control de esa experiencia.

Cuando llegaron los médicos, les he dado mi mano, me he presentado y he hecho un montón de preguntas. Muchos se sorprendieron. "Espera un momento", parecían estar pensando, "eres tú el paciente y somos nosotros que deberíamos hacerte las preguntas!"

Pero he mirado las cosas así: si estaban aprendiendo conmigo durante el curso del tratamiento, era razonable que yo también aprendiera algo con ellos. Y después, como ya que estaba viviendo en la sala del hospital, iba a hacer de ella mi propia casa, y eso significaba entablar conversaciones con las personas con las que compartía el mismo espacio de una manera directa y activa. Mi estrategia de recuperación era creer que mi personalidad - es decir, mi mente, mi voluntad, mi carisma, y mi fuerza - no estaba paralizada, aunque mi cuerpo sí. Con esa actitud, era mucho más fácil permanecer siempre ocupada y realmente prestar atención a mi cuerpo durante el proceso de recuperación. Aunque ha sido difícil volver a aprender los movimientos básicos que una vez eran naturales, he hecho progresos rápidos. Y luego casi llegó el momento de dejar la sala.

Antes de la apoplejía, tenía citas regulares para tomarse té con el grupo de amigos de que ya te he hablado. Bueno, ¡ellos decidieron que tendríamos una cita para tomarse té allí mismo, en el hospital! Ya que había estado compartiendo mi vida con mis compañeros de sala por un mes, me pensé que sería bien organizar algo que incluyera todas las personas del mismo piso. Entonces he mencionado la idea a las enfermeras y ellas se entusiasmaron con la idea de ayudarme! Había allí también un ordenador que podría utilizar para organizar la fiesta y me recuerdo de una de las enfermeras que bromeaba de mí, "Si te portas suficientemente bien para usar ese ordenador, ya es quizás tiempo que te vayas."

Ella puede haber tenido razón, pero de una forma, organizar esa fiesta de té era tan importante para mi recuperación como lo era la terapia física diaria. Era una señal de que estaba volviendo en espíritu a mi vida cotidiana, así como en cuerpo. Estaba volviendo a ser yo misma. Era un pasaje. Y fue incluso más significativo porque he sido capaz de compartir ese pasaje con todo el mundo a mi alrededor.

La terapia, como muchas otras experiencias, es solamente beneficiaria dependiendo de cuánto la dejes. Lo mental y lo físico están íntimamente interconectados. A saber que yo no estaba planeando un evento "curativo", era en realidad un simples té! Pero los beneficios eran visibles. Y rápidamente, las enfermeras se dieron cuenta de cómo organizar este tipo de experiencia colectiva había generado un sentimiento de comunidad y una energía renovada a la rutina en la guardia. Así que, replicando nuestra experiencia de fiesta de té, dos semanas después las enfermeras organizaron una fiesta de "Super Bowl"! Hasta dónde sé, este tipo de evento ahora hace parte de la vida en la sala del hospital.

Había un detalle especialmente delicioso del té en el hospital. Había estado planeando usar platos y utensilios desechables, pero cuando he comentado esto a una de las enfermeras, esta me ha ofrecido un juego de porcelana real y encantador que había estado guardado, sin usarse por un largo tiempo. Así que, valga la redundancia, usamos eso en cambio, y fue un realce perfecto! Había entrado al hospital sin poder atar mis propios zapatos, pero me fui tomando té de un juego de porcelana fino con mis pacientes de terapia física! Ha sido una forma agradable y memorable de pasar de paciente dependiente a persona con poder.

En vez de sucumbir ante una experiencia desolada y depresiva, he aceptado mis circunstancias y me he mantido positiva y activa conscientemente - en mis términos. No importa en qué situación te encuentres, el simple hecho de tomar el control de tu experiencia puede resultar en cosas sorprendentemente maravillosas.

* * * * *

"Cualquier cosa que la mente de uno pueda concebir y aceptar, también se la puede lograr." —Napoleón Hill

Cuestiones para discusión

Ponte en marcha. Apunta tus respuestas. Comparte con una amiga.

1. ¿Qué significa para ti estar "en casa?"

2. Describe un momento en que compartiste una experiencia positiva con un montón de gente. ¿Cómo ha sido y cómo te has sentido?

3. Describe una vez en que tomaste el control de una experiencia que la mayoría de las personas vería como algo negativo o contraproducente. ¿Cómo ha sido y cómo te has sentido?

4. ¿Haz apoyado alguna vez a alguien que estaba enfermo? ¿Cómo has ayudado? ¿Cómo te has sentido por haber ayudado?

5. ¿Qué fue la última cosa que celebraste?

6. ¿Qué no has celebrado en el pasado o últimamente, pero te gustaría haber celebrado? ¿Cómo lo harías?

Última consideración

Ha sido con alegría que pude compartir mis historias con vosotras. He reconsiderado los eventos y tiempo, lugares y personas de mi vida, y aunque no sea la manera más linear de contar una historia, es definitivamente la más parecida a cómo las cosas han sucedido realmente! La vida real no viene en cajas cuidadosamente adornadas, y eso es exactamente por qué es tan importante para nosotros recolectar y organizar nuestras historias, y examinarlas de cerca por su significado para poder usarlas como guías para lo que se viene.

Creo que al contestar las preguntas después de cada capítulo, has comenzado a crear incursiones para formar tu propia visión personal. Recuerda que tu historia sigue! Te desafío a visitar de nuevo las preguntas de la discusión muchas veces por tu cuenta o en un grupo, y a escribir tus respuestas cada vez para descubrir revelaciones nuevas sobre la historia de tu vida que siempre sigue desplegándose. A medida que sigues investigándote a ti misma y tus motivaciones, te sorprenderás al ver las diferencias entre tus primeras respuestas y las nuevas. Cuando lees tus respuestas antiguas luego, podrá parecer como si alguien familiar a ti, quizás un primo o confidente, inicialmente hubiera respondido las preguntas en vez de ti misma! Resiste la tentación de juzgar tus respuestas prematuras de cualquier forma, y simplemente reconoce que incluso desde este momento, vas a crecer seguramente, y tus visiones, creencias y sabiduría van a madurar junto contigo. Y eso es bueno.

Parte de ser "significativa" es medir siempre a ti misma y a tus elecciones contra estas preguntas clave:

- ¿Estoy diciendo mi propia historia auténtica?
- ¿Estoy viviendo de acuerdo con mis valores?
- ¿Estoy siendo respetuosa?
- ¿Estoy siendo respetada?
- ¿Estoy reconociendo las oportunidades?
- ¿Estoy haciendo mis propias decisiones auténticas?
- ¿Estoy tomando decisiones pragmáticas?
- ¿Estoy tomando decisiones positivas?
- ¿Estoy encontrando aliados?
- ¿Estoy aprendiendo a liderar?
- ¿Estoy amando a la persona que soy?
- ¿Estoy amando a la persona en la que me convierto?
- ¿Estoy siendo significativa?

A medida que sigues en tu viaje, borrarás los signos de interrogación de esta lista, y las preguntas se volverán afirmaciones. Así es como sabrás que estas en tu camino! Hacer buenas preguntas es la clave para generar preguntas útiles, y esa es la razón por la que reconsiderarás estas preguntas una y otra vez. Estas preguntas y tus respuestas a ellas son como las marcas de lápiz en un cuadro de una puerta que un padre usa para marcar el crecimiento de un niño, y tu eres tu mismo padre, tu estas a cargo de dirigir tu propio crecimiento y asegurar que estás haciendo lo que debes hacer para conseguir las metas que sueñas.

Las personas significativas entienden que la única cosa constante es el cambio. Ellas buscan un cambio que sea saludable y que produzca situaciones y relaciones emocionantes y dinámicas para ellas mismas y los demás. Tú eres una persona significativa! No importa las acciones que tomes o los errores que hagas en el camino, en el fondo eres una persona poderosa y creativa; dentro de la piedra no pulida hay una joya brillante.

Si hay una cosa que quiero que te lleves de este libro, es la siguiente: estás creando tu historia y viviéndola simultáneamente. Es posible que nunca te encuentres en una sala de juntas, y es posible que nunca crees una comunidad en tomando una taza de té. Puede ser que nunca tengas cuestionada tu autoridad por una persona ebria, o que aceptes en tu hogar a toda una familia que desesperadamente lo necesita. Yo espero de verdad que seas tan afortunada para no sufrir una embolia o cáncer, y tal vez ni siquiera es tu sueño abrir un negocio exitoso como es mi sueño. Pero los detalles de la historia de cada persona no son tan importantes como el reconocimiento de que no importa cuáles sean tus circunstancias, tu tienes en tu interior toda la energía disponible, las condiciones y experiencias que necesitas para empezar la transformación de ti misma y tu situación. La semilla del éxito está dentro de ti. Justo aquí, justo ahora.

Si fueras una graduada universitaria buscando tu primer curro, una empresaria, una mama trabajadora, una organizadora sin fines de lucro, o si estas empezando o reiniciando una carrera mas adelante en tu vida, tu también puedes apuntar tus propias historias, organizarlas y usarlas para crear oportunidad. Tu eres la única que puede atender tu jardín, y mantenerlo libre de hierbas es una actividad de todos los días. Una vez que notes una oportunidad o sientas una pasión que creas que debes explorar más a fondo, ahí es cuando usas todas las herramientas que has adquirido en tu vida - y tal vez unas pocas que has aprendido de este libro! - para coger esa luz de esperanza y transformarla en algo grande.

Tu ya eres significativa, simplemente porque estás despierta y estás participando en la maravillosa experiencia de la vida. Vivir es un privilegio, así que honra ese privilegio. Asume riesgos, sé vulnerable, encuentra aliados y aprovecha las oportunidades. Da con el corazón, permítete recibir ayuda cuando la necesitas, reconoce tus errores y después corrígelos. Sé creativa. Sé tú misma

Significativamente tuya en tus éxitos,
Franne McNeal, MBA

Sobre la Autora

Franne McNeal, MBA, es la voz de la mujer para la marca, la estrategia de negocios y el éxito del liderazgo personal. Conocida como la "entrenadora de resultados significativos en los negocios", Franne ayuda a sus clientes a concentrar su energía para actuar y lograr un aumento de la confianza, la claridad y la fuerza!

Es autora del libro Significante! De Frustrada a FranneTástica, el cuento de hadas de las mujeres sobre "buscar en su mente por lo que importa".

Como una conquistadora de cancer de mama y sobreviviente de derrame cerebral, Franne comparte sus propias historias de tenacidad y proezas para ayudar a miles de mujeres a descubrir sus fortalezas, monetizar sus pasiones y agregar valor a sus comunidades. Franne se compromete a integrar personas, procesos y rendimiento para ayudar a que las mujeres logren una comprensión dinámica de la forma de "apoyarse", enfocar su energía para la acción y dar el paso a la trascendencia en sus vidas profesionales y personales.

Franne tiene una carrera remarcable en ventas, marketing y capacitación con las corporaciones de Fortune 500. Además, es una profesora universitaria, autora, empresaria, y una galardonada entrenadora de negocios. Las intuiciones agudas de Franne han ayudado a sus clientes a generar millones de dólares en ingresos, aumentar las ventas, mejorar el flujo de caja, reducir gastos y ampliar su rentabilidad.

Los discursos motivacionales de Franne sobre el logro de importantes resultados empresariales han sido bien recibidos por cientos de grupos, desde asociaciones profesionales y universidades, hasta audiencias empresariales y corporativas. Es colaboradora habitual de publicaciones impresas y virtuales, incluyendo Black Enterprise y Lean In.

Franne McNeal ha obtenido una licenciatura en la Universidad de Princeton, y un master en administración de negocios en la Universidad Eastern. Ha sido reconocida con el Premio de la perseverancia de la Universidad Eastern (2007) y nombrada una de las 100 mujeres negras más influyentes en Filadelfia por la NAACP en 2008 y honrado como una mujer de Distinción por la línea principal de Today Magazine en 2014.

Franne McNeal vive en el área de Filadelfia, Pennsylvania.

Comunidad ¡Significante!

¡Conéctate! ¿Te gustaría contactar a Franne McNeal y la comunidad ¡Significante! En cuanto empiezas a trazar tu propio camino de forma única y significativa?

Regístrate gratis en **www.SignificantYou.com**. Ahí podrás:

- Conectarte con personas de ideas afines
- Acceder a recursos útiles
- Descargar herramientas adicionales
- Participar en los eventos virtuales en vivo
- Organizar y asistir a eventos locales y regionales
- Compartir tus historias ¡Significantes!
- Conocer a Franne McNeal

Si te gustaría entrevistar a Franne McNeal, invitarla a ser la oradora principal, proporcionar un taller ejecutivo, obtener su participación en una mesa redonda o incluirla en tu próximo evento en línea o internacional, por favor contáctala en **Media@SignificantYou.com**

www.ingramcontent.com/pod-product-compliance
Lightning Source LLC
Chambersburg PA
CBHW070555160426
43199CB00014B/2520